NOVA LEI DE LICITAÇÕES E CONTRATOS
teoria e prática na assessoria jurídica

Amanda Amarante Oliveira Sobral Moreno
Procuradora Municipal. Mestre em Direito.
Especialista em Prática Administrativa.
Sarah Carolina Viana de Macedo Carneiro
Mestre em Direito. Especialista em Licitações e Contratos
Administrativos. Advogada Pública da CODEVASF.

NOVA LEI DE LICITAÇÕES E CONTRATOS
teoria e prática na assessoria jurídica

editora
Del Rey

Belo Horizonte
2023

EDITORA DEL REY LTDA.
www.editoradelrey.com.br

Editor: Arnaldo Oliveira

Editor Adjunto: Ricardo A. Malheiros Fiuza (*in memoriam*)

Coordenação Editorial: Letícia Neves

Diagramação e revisão: Know-how Editorial

Capa: JP Designer

Editora:
Rua dos Goitacazes, 71 – Lojas 20 a 24
Centro – Belo Horizonte – MG
CEP 30190-050

Comercial:
Tel.: (31) 3284-3284 / 3293-8233
vendas@editoradelrey.com.br

Editorial:
editorial@editoradelrey.com.br

M843n Moreno, Amanda Amarante Oliveira Sobral
Nova lei de licitações e contratos: teoria e prática na assessoria jurídica / Amanda Amarante Oliveira Sobral Moreno, Sarah Carolina Viana de Macedo Carneiro.-- Belo Horizonte: Del Rey, 2023.
208 p.

ISBN 978-65-00-61448-0

1. Direito administrativo - Brasil. 2. Licitação pública - Brasil. 3. Pareceres jurídicos - Brasil. I. Carneiro, Sarah Carolina Viana de Macedo. II. Título.

CDU: 351.712.2(81)

Junio Martins Lourenço – Bibliotecário – CRB-6/3167

Eu sou escritora de crônicas, e quis ter um livro pra deixar
o mundo mais bonito, mas o mundo precisa mais de licitações,
pra ser mais justo.

A Sergio Moreno, por ser porto. A Nina, por ser minha.
A mainha, por dar asas a essa "menina amarela".
(Amanda Amarante Moreno)

A meus pais que, desde sempre, me ensinaram
a importância dos livros.

Aos meus irmãos, companheiros de vida e de leitura
(dos gibis aos clássicos).

A meus filhos, Antônio e Otto, por serem
o motivo de todo o meu esforço.

A Flávio, por ser o apoio dos meus projetos.
(Sarah Carneiro)

ADVERTÊNCIAS DAS AUTORAS

Como compromisso com os leitores de nossa obra, é necessário que façamos algumas advertências explicativas sobre a escrita dela.

Sabemos que a Lei n. 14.333/2021, assim como fez a Lei n. 8.666/1993, diferenciou as expressões "Administração" e "Administração Pública". Tal diferenciação gera impacto, principalmente, na discussão sobre o alcance da aplicação de penalidade.

Mesmo cientes dessa distinção, optamos por uniformizar, em toda a obra, o uso da expressão "Administração Pública".

Outra advertência cabível ao nosso leitor diz respeito à expressão "órgão de assessoramento jurídico", utilizada no art. 53, porém não utilizada em toda a Lei n. 14.133/2021. Como exemplo, citamos o art. 10. Ao longo da obra, tomamos como sinônimas as expressões "parecerista jurídico", "órgão de assessoramento jurídico" e "advogado público".

Feitas essas considerações, passemos à nossa exposição.

Boa leitura!

APRESENTAÇÃO

Um soldado na trincheira sabe mais das dores da guerra do que o oficial estrategista que nunca saiu da base de comando.

Licitação não é um tema fácil de ser estudado. O desafio de colocar em prática a teoria é ainda maior. Agora, imagine fazer tudo isso partindo de um documento em branco no Word, sem modelos anteriores?

Esse é o efeito que se pretende com uma nova lei: romper o modelo antigo e fazer nascer uma nova prática, uma nova realidade.

A Lei n. 14.133/2021, ainda tida como a nova lei de licitações, veio carregada dessa expectativa: uma nova realidade a ser escrita numa folha em branco, mudando para melhor o processo de contratações públicas brasileiro.

Ainda que saibamos que muitos institutos foram trazidos (e mantidos) das leis que a precederam, a Lei n. 14.133/2021 trouxe várias novidades e, como operadores do Direito, temos o dever de extrair dela as melhores soluções possíveis.

Uma novidade foi o robustecimento da atuação do órgão de assessoramento jurídico, ao qual cabe, entre outras atribuições, o controle de legalidade do processo de contratação.

Nosso intuito com esta obra é auxiliar o parecerista jurídico nesse controle de legalidade, conjugando a teoria com a nossa prática, construída ao longo de alguns anos de atuação no serviço público, discutindo os pontos que julgamos importantes – e por que não problemáticos? – no processo de contratação.

Sob o nosso ponto de vista, escolhemos os temas que consideramos mais importantes. Por óbvio, outros não foram abordados, mas, caso o caro leitor deseje nos enviar sugestões, e também críticas, ficaremos muito felizes em recebê-las em nossa página no Instagram @ adorolicitacoes ou no e-mail adorolicitacoes@gmail.com.

Se você está entre os que trabalham ou pretendem trabalhar com licitações, olhe para a trincheira ao lado, estaremos lá.

As autoras

PREFÁCIO

É uma grande honra prefaciar a obra *Nova Lei de Licitações e Contratos* – teoria e prática na assessoria, escrita por Amanda Amarante Oliveira Sobral Moreno e Sarah Carolina Viana de Macedo Carneiro, na qual as autoras abordam o papel da assessoria jurídica na Lei n. 14.133, de 2021, a chamada Nova Lei de Licitações e Contratos Administrativos.

As autoras possuem vasta experiência no mundo das licitações públicas, tendo atuado por muitos anos no serviço público, lidando diretamente com o controle de legalidade dos processos de contratação. Com esse conhecimento, elas têm consciência dos obstáculos que surgem na prática e sabem como lidar diariamente com os desafios para efetivar as regras que regem as contratações públicas no Brasil.

O livro tem a proposta de ajudar os pareceristas jurídicos no controle de legalidade, fornecendo uma combinação única de teoria e prática baseada na experiência real das autoras.

O momento da publicação é oportuno, pois, com a promulgação da Lei n. 14.133/2021, estamos diante de uma oportunidade singular para romper com o modelo antigo e estabelecer uma nova prática e realidade para a assessoria jurídica no âmbito das contratações públicas.

Com efeito, esta obra é leitura essencial para todos aqueles que trabalham ou pretendem trabalhar com licitações públicas no Brasil. Utilizando-se de um olhar crítico e rigoroso, as autoras tratam dos pontos mais importantes e problemáticos da atuação dos órgãos de assessoramento jurídico nos processos de contratação, tendo como pano de fundo as novidades trazidas pela Lei n. 14.133/2021. Nesse sentido, são fornecidas orientações úteis para ajudar os pareceristas jurídicos a cumprir suas atribuições e robustecer a atuação da assessoria jurídica.

Ao longo do livro, são apresentados estudos da Lei n. 14.133/2021 em comparação com a Lei n. 8.666/1993. Embora a nova lei seja extensa e repita muitos institutos da antiga, o Congresso Nacional promoveu inovações que podem representar uma verdadeira revolução na condução das contratações públicas, notadamente o Portal Nacional de Contratações Públicas.

Especificamente em relação aos órgãos de assessoramento jurídico, a Lei n. 14.133/2021 buscou mudar significativamente a atuação desses atores, ampliando-a tanto no conteúdo quanto na forma. Segundo o novo diploma, a assessoria jurídica não se limita mais a examinar e aprovar minutas de editais e contratos, passando a promover uma análise ampla de toda a aplicação e utilização dos institutos.

A primeira atuação do órgão de assessoramento jurídico é o controle prévio de legalidade, que consiste em analisar juridicamente a contratação para verificar se está em conformidade com a legislação. A nova lei exige que sejam apreciados todos os elementos indispensáveis à contratação e que sejam expostos os pressupostos de fato e de direito levados em consideração na análise jurídica.

Além disso, a assessoria jurídica agora pode prestar apoio técnico aos agentes que atuam no processo de contratação e pode representar judicial ou extrajudicialmente o agente público.

Ademais, embora a nova lei preveja maior rigor e detalhamento no controle prévio de legalidade, há situações em que esse controle pode ser dispensado, desde que haja um ato da autoridade máxima competente fixando as hipóteses de cabimento. A definição desses casos levará em consideração o baixo valor e a menor complexidade da contratação, a entrega imediata do bem ou a utilização de minutas-padrão, desde que essa padronização tenha sido feita pela assessoria jurídica. Essa inovação, aliada a outras previstas na Lei n. 14.133/2021, tende a tornar as contratações públicas mais ágeis, transparentes e eficientes, ao mesmo tempo em que confere papel de destaque ao órgão de assessoramento jurídico.

Essas questões, juntamente com todas as outras envolvendo a participação dos órgãos de assessoramento jurídico nos processos licitatórios, são delineadas nos onze capítulos que compõem o livro. No entanto, as autoras não pretendem esgotar o assunto, mas sim fornecer um guia sólido e prático para aqueles que desejam aprimorar sua compreensão sobre o controle de legalidade em contratações públicas.

Espero que os leitores possam se beneficiar das suas valiosas contribuições para o campo das licitações públicas no Brasil.

Boa leitura!

Belo Horizonte, março de 2023.

Antonio Augusto Junho Anastasia

SUMÁRIO

Capítulo 6

Capítulo I

A ASSESSORIA JURÍDICA NA NOVA LEI DE LICITAÇÕES E CONTRATOS

1.1 O PONTO DE PARTIDA DO NOSSO ESTUDO

O início do estudo de um tema jurídico deve se dar a partir da localização desse tema na norma fundante do ordenamento jurídico. Com as licitações, não poderia ser diferente.

A Constituição Federal trata das licitações basicamente em dois artigos: art. 22, inciso XXVII; e art. 37, inciso XXI.

No art. 22, inciso XXVII, da CF, tem-se que compete privativamente à União legislar sobre normas gerais de licitação e contratação, em todas as modalidades, para as administrações públicas diretas, autárquicas e fundacionais da União, Estados, Distrito Federal e Municípios[1], obedecido o disposto no art. 37, inciso XXI, também da Constituição.

O art. 37, inciso XXI, por sua vez, traz a regra de contratar por meio de licitação, ao prever que, ressalvados os casos especificados na legislação, as obras, serviços, compras e alienações serão contratados mediante processo de licitação pública. É dizer: licitar é a regra, contratar diretamente é a exceção.

O art. 37, inciso XXI, prevê também que o processo de licitação pública deve assegurar igualdade de condições a todos os concorrentes, consagrando os princípios da moralidade, da impessoalidade e, principalmente, do julgamento objetivo. Esse processo de licitação pública deve ser regido por cláusulas que, entre outras, devem estabelecer obrigações de pagamento, mantidas as condições efetivas da proposta.

---

[1] O mesmo inciso faz a distinção, ao prever que, para as empresas públicas e sociedades de economia mista, o exercício da competência legislativa será nos termos do art. 173, § 1°, inciso III.

Por fim, o inciso XXI do art. 37 restringe as possíveis exigências do processo de licitação pública ao dispor que somente se permitirão as exigências de qualificação técnica e econômica indispensáveis à garantia do cumprimento das obrigações.

Cinco anos após a promulgação da Constituição Federal, a União exerceu a competência privativa prevista no art. 22 e editou a Lei n. 8.666/1993, instituindo normas para licitações e contratos da Administração Pública.

1.2 A ASSESSORIA JURÍDICA NA LEI N. 8.666/1993

Publicada em 25 de junho de 1993, a Lei n. 8.666 há tempos já não conseguia responder e atender aos anseios daqueles que lidam com o processo de licitação pública. Mal foi publicada a Lei n. 14.133/2021, o regime capitaneado pela Lei n. 8.666/1993 já passou a ser chamado de "velho". Sobre esse "velho" regime, Niebuhr (2022, p. 52) assim comenta:

> Esse velho regime de licitação pública e contrato administrativo tem como grande protagonista a Lei n. 8.666/1993, que apresenta modelo de licitação excessivamente burocrático, formalista, engessado e desconfiado. O resultado desse modelo está longe de ser positivo. As licitações arrastam-se por meses, é bastante usual que a Administração selecione propostas desvantajosas sob o prisma da qualidade e do preço, contratos não são adequadamente executados, há muitos casos de corrupção e a maioria das pessoas que atuam com licitação pública e contrato administrativo tem medo de sofrer questionamentos de órgãos de controle e acabar respondendo processos administrativos, civis ou criminais. Essas mazelas não podem ser atribuídas à Lei n. 8.666/1993, mas o fato é que ela oferece um contributo relevante.

Concordamos com Niebuhr quanto ao contributo relevante da Lei n. 8.666/1993 para as mazelas características das contratações públicas desde 1993, quando foi publicada. Daí a grande expectativa por uma nova lei geral de licitações, que pudesse ser mais enxuta, com clara divisão do que seriam as normas gerais e as normas específicas, de modo a permitir e a incentivar a normatização pelos demais entes da federação, tornando o processo de contratação mais adequado às realidades locais. Esses ideais, contudo, não foram incorporados à nova lei de licitação.

Em relação à Lei n. 8.666/1993, a Lei n. 14.133/2021 é uma lei extensa. Contém 194 artigos, incorporando muitas instruções normativas federais e entendimentos dos órgãos de controle proferidos ao longo dos últimos anos.

A Lei n. 14.133/2021 repetiu muitos institutos da Lei n. 8.666/1993, como a previsão de modalidades licitatórias (concorrência, concurso, leilão) e os regimes de execução (empreitada integral, empreitada por preço unitário e global, tarefa).

Felizmente, a Lei n. 14.133/2021 trouxe inovações que podem representar, num futuro próximo, uma verdadeira revolução na condução das contratações públicas. Uma dessas inovações, na nossa opinião, é o Portal Nacional de Contratações Públicas.

Com relação à atuação da assessoria jurídica, cuja atuação nas contratações públicas se dá basicamente por meio de pareceres jurídicos, objeto de estudo deste livro, houve um alargamento da atuação, seja no conteúdo, seja na forma.

Na Lei n. 8.666/1993, apenas o parágrafo único do art. 38 fazia referência ao órgão de assessoramento jurídico, dispondo que as minutas de editais de licitação, assim como as dos contratos, acordos, convênios ou ajustes, deveriam ser previamente examinadas e aprovadas por assessoria jurídica da Administração. Na Lei n. 8.666/1993, a assessoria jurídica fazia controle de legalidade na medida em que examinava e aprovava as minutas de editais e contratos. Na prática, a assessoria também se manifestava nos aditivos de prazo e de valor, bem como nos pedidos de reequilíbrio, repactuação e aplicação de sanções.

Muito embora o parágrafo único do art. 38 da Lei n. 8.666/1993 exigisse apenas a análise e a aprovação das minutas de edital e de contrato, já no contexto da referida lei defendia-se que essa análise não deveria ser rasa, nem se limitar a essas duas peças – minuta de edital e de contrato. Entendia-se que a assessoria jurídica deveria fazer uma análise ampla, avaliando a aplicação e a utilização dos institutos, como enquadramento na modalidade de licitação adequada, escolha adequada do regime de execução, existência de eventual cláusula restritiva da competitividade, fracionamento indevido etc.

1.3 A ASSESSORIA JURÍDICA NA LEI N. 14.133/2021

Na Lei n. 14.133/2021, o órgão de assessoramento jurídico teve sua atuação reformulada, ampliando-se as hipóteses de atuação e aprofundando-se as matérias de análise.

Pelo texto da nova lei, o órgão de assessoramento jurídico pode atuar em três situações: controle prévio de legalidade; apoio jurídico aos agentes que atuam no processo de contratação; e representação judicial ou extrajudicial do agente público.

1.3.1 O órgão de assessoramento jurídico realizando o controle prévio de legalidade

A primeira atuação do órgão de assessoramento jurídico é o controle prévio de legalidade, indicado no art. 53 da Lei n. 14.133/2021.

O art. 53 prevê que, ao final da fase preparatória, o processo licitatório seguirá para o órgão de assessoramento jurídico da Administração, que realizará controle prévio de legalidade mediante análise jurídica da contratação.

Na elaboração do parecer jurídico, o órgão de assessoramento jurídico da Administração deverá apreciar o processo licitatório conforme critérios objetivos prévios de atribuição de prioridade. Além disso, deve redigir sua manifestação em linguagem simples e compreensível e de forma clara e objetiva, com apreciação de todos os elementos indispensáveis à contratação e com exposição dos pressupostos de fato e de direito levados em consideração na análise jurídica.

A análise do art. 53 é mais ampla do que aquela prevista no art. 38, parágrafo único, da Lei n. 8.666/1993. Não se trata mais de apenas aprovar as minutas de edital e de contrato. Não é mais um controle de legalidade apenas desses instrumentos.

A Lei n. 14.133/2021 exige do órgão de assessoramento jurídico uma análise de juridicidade, com apreciação de todos os elementos indispensáveis à contratação e com exposição dos pressupostos de fato e de direito levados em consideração na análise jurídica. Cabe lembrar que os elementos indispensáveis à contratação estão previstos em lei, mas, com frequência, são regulados por instruções normativas, decretos etc. Portanto, a análise jurídica deve considerar também essas normas infralegais.

Além do controle de legalidade das minutas de edital e de contrato, o art. 53 da Lei n. 14.133/2021 prevê também que o órgão de assessoramento jurídico da Administração realize controle prévio de legalidade de contratações diretas, acordos, termos de cooperação, convênios, ajustes, adesões a atas de registro de preços, de outros instrumentos congêneres e de seus termos aditivos.

Aqui, a nosso ver, o legislador prestigiou a atuação do órgão de assessoramento jurídico, pois atribuiu a ela o importante dever de controlar a legalidade de ajustes que sequer precisam de licitação para serem firmados, como os convênios[2].

1.3.1.1 Possibilidade de dispensa do controle de legalidade pelo órgão de assessoramento jurídico

O próprio art. 53 da Lei n. 14.133/2021, que prevê a regra do controle prévio de legalidade pelo órgão de assessoramento jurídico, também prevê a exceção em que será dispensável a emissão dessa análise jurídica.

Isso ocorrerá nas hipóteses previamente definidas em ato da autoridade *jurídica* máxima competente, que deverá considerar o baixo valor, a baixa complexidade da contratação, a entrega imediata do bem ou a utilização de minutas de editais e instrumentos de contrato, convênio ou outros ajustes previamente padronizados pelo órgão de assessoramento jurídico.

Perceba-se que a dispensa de análise jurídica é autorizada por lei, e não determinada por lei. Além de não ser obrigatória, a dispensa de emissão de análise jurídica pressupõe ato da *autoridade jurídica máxima* competente, que definirá as hipóteses de enquadramento.

Em síntese, o requisito para a dispensa da análise jurídica das minutas de edital e contrato é que haja ato da *autoridade jurídica máxima competente* fixando as hipóteses de cabimento. A definição das hipóteses levará em consideração o baixo valor e a baixa complexidade da contratação, a entrega imediata do bem ou a utilização de minutas-padrão, cuja padronização tenha sido feita pela assessoria jurídica.

---

[2] Atualmente regulados pelo art. 25 da Lei Complementar n. 101/2000, pelo Decreto n. 6.170/2007 e pela Portaria Interministerial n. 424/2016.

Assim, o parecer jurídico, por meio do qual o órgão de assessoramento jurídico fará o controle prévio de legalidade da contratação, continua obrigatório, mas pode ser relativizado conforme o art. 53, § 5º, da Lei n. 14.133/2021.

1.3.2 O órgão de assessoramento jurídico prestando apoio aos demais agentes que atuam no processo de contratação

O órgão de assessoramento jurídico também deve prestar apoio jurídico aos demais agentes que atuam no processo de contratação[3].

Quando da prestação desse apoio àqueles que atuam no processo de contratação, o órgão de assessoramento jurídico exerce a função de consultoria. Essa é uma novidade trazida pela Lei n. 14.133/2021.

No art. 8º da Lei n. 14.133/2021, temos que a licitação será conduzida por agente de contratação, pessoa designada pela autoridade competente para tomar decisões, acompanhar o trâmite da licitação, dar impulso ao procedimento licitatório e executar quaisquer outras atividades necessárias ao bom andamento do certame até a sua homologação.

Veja que o agente de contração, que nem sempre tem formação jurídica, nem é esta uma exigência legal, exerce diversas funções, com alto nível de complexidade. Então, visando uma contratação segura, a partir de um processo licitatório que respeite a legalidade, o legislador determinou que regulamento disponha sobre as regras relativas à atuação do agente de contratação, no qual deverá ser prevista a possibilidade de ele contar com o apoio dos órgãos de assessoramento jurídico e de controle interno para o desempenho das funções essenciais à execução do disposto na Lei n. 14.133/2021.

Outra figura prevista na lei que receberá o apoio dos órgãos de assessoramento jurídico é o fiscal do contrato. O art. 117 da Lei n. 14.133/2021 prevê que a execução do contrato deverá ser acompanhada e fiscalizada por um ou mais fiscais. O fiscal do contrato será o representante da Administração especialmente designado (o que exige um ato formal da autoridade competente).

---

[3] São exemplos de agentes que atuam no processo de contratação: o próprio agente de contratação (previsto no art. 8º), pregoeiro, fiscal de contrato, ordenador de despesa.

Muito embora a lei permita a contratação de terceiros para assistir e subsidiar o fiscal do contrato, sabe-se que essa não é a realidade da maioria dos órgãos públicos. Não raro o servidor é designado como fiscal do contrato sem ter capacitação para tanto[4]. Sensível a essa situação, o legislador previu, no § 3º do art. 117, que o fiscal do contrato será auxiliado pelos órgãos de assessoramento jurídico e de controle interno da Administração, que deverão dirimir dúvidas e subsidiá-lo com informações relevantes para prevenir riscos na execução contratual.

Aqui, mais uma vez, o órgão de assessoramento jurídico é chamado a exercer a função de consultor do fiscal, orientando-o sobre como proceder, dirimindo-lhe dúvidas jurídicas, indicando-lhe qual norma é aplicável ao caso, qual o entendimento dos órgãos de controle etc.

Outra situação na qual o órgão de assessoramento é chamado a exercer a função de consultoria é na prestação de apoio à autoridade competente na elaboração de decisões.

O parágrafo único do art. 168 prevê que, na elaboração de suas decisões relativas aos recursos e ao pedido de reconsideração, a autoridade competente será auxiliada pelo órgão de assessoramento jurídico, que deverá dirimir dúvidas e subsidiá-la com as informações necessárias.

O art. 19 da Lei n. 14.133/2021 traz outra situação de consultoria jurídica. Conforme o referido artigo, os órgãos da Administração com competências regulamentares relativas às atividades de administração de materiais, de obras e serviços e de licitações e contratos deverão instituir, com o auxílio dos órgãos de assessoramento jurídico e de controle interno, modelos de minutas de editais, de termos de referência, de contratos padronizados e de outros documentos.

1.3.3 O órgão de assessoramento exercendo a representação judicial e extrajudicial do agente público

O órgão de assessoramento jurídico é também chamado a fazer a representação judicial ou extrajudicial das autoridades e servidores que

4 O legislador foi atento a essa realidade, prevendo, no art. 7º, que a autoridade máxima do órgão ou da entidade, ou quem as normas de organização administrativa indicarem, promova gestão por competências.

tiverem participado dos procedimentos relacionados às licitações e aos contratos.

Tal previsão se encontra no art. 10 da Lei n. 14.133/2021.

Assim, pelo texto do art. 10, se as autoridades competentes e os demais servidores que tiverem participado dos procedimentos relacionados às licitações e aos contratos de que trata a Lei n. 14.133/2021 precisarem defender-se nas esferas administrativa, controladora ou judicial, em razão de ato praticado com estrita observância de orientação constante em parecer jurídico elaborado na forma do § 1º do art. 53, o órgão de assessoramento jurídico promoverá, a critério do agente público, sua representação judicial ou extrajudicial.

Esse direito do servidor e da autoridade competente de ser representado judicialmente ou extrajudicialmente pelo órgão de assessoramento jurídico aplica-se, inclusive, na hipótese de o agente público não mais ocupar o cargo, emprego ou função em que foi praticado o ato questionado.

Contudo, não se trata de um direito absoluto, pois será excepcionado quando houver provas da prática de atos ilícitos dolosos nos autos do processo administrativo ou judicial.

Conforme visto, a Lei n. 14.133/2021 prevê a possibilidade de relativização da necessidade de análise jurídica (controle de legalidade), prevista no art. 53, § 5º, mas não a prevê para as demais funções – apoio jurídico e a representação judicial e extrajudicial, salvo quando houver provas da prática de atos ilícitos dolosos nos autos do processo administrativo ou judicial.

A partir dos dispositivos legais mencionados, é possível afirmar que não houve apenas um aumento das funções em relação ao que o órgão de assessoramento jurídico exercia na Lei n. 8.666/1993. Com a Lei n. 14.133/2021, esse órgão ganhou notoriedade no processo de contratação, razão pela qual a capacitação e a atualização constantes são imprescindíveis para a emissão de pareceres jurídicos fundamentados.

Capítulo 2

RESPONSABILIDADE DO PARECERISTA JURÍDICO

2.1 RESPONSABILIDADE DO PARECERISTA

No capítulo anterior, vimos as três possibilidades de atuação do órgão de assessoramento jurídico previstas na Lei n. 14.133/2021.

Neste capítulo, discutiremos sobre a responsabilidade do parecerista jurídico, limitada à matéria de licitações, objeto deste livro.

De forma ampla, o parecerista jurídico é o advogado[5] que profere suas manifestações por meio de um parecer. No exercício da profissão e nos limites da lei, o advogado é inviolável por seus atos e manifestações, conforme o art. 133 da Constituição Federal. O art. 32 da Lei n. 8.906/1994 dispõe que o advogado é responsável pelos atos que, no exercício profissional, praticar com dolo ou culpa.

Para a Advocacia Pública, a Constituição Federal atribui duas funções: a representação judicial – função contenciosa; e a consultoria jurídica dos entes federados – a função consultiva, exercida precipuamente por meio da emissão de pareceres jurídicos.

Ao tratar sobre a responsabilização dos agentes, entre os quais estão os advogados públicos, das pessoas jurídicas de direito público e das de direito privado prestadoras de serviços públicos, o art. 37, § 6º, da Constituição Federal assegurou o direito de regresso da pessoa jurídica contra o responsável nos casos de dolo ou culpa.

Antes de abordarmos a responsabilização do parecerista jurídico no exercício da Advocacia Pública, enfrentando as discussões acerca

---

[5] Conforme o art. 1º da Lei n. 8.906/1994, são atividades privativas de advocacia as atividades de consultoria, assessoria e direção jurídicas.

do dolo e, principalmente, da culpa, é preciso alocar o parecer jurídico dentro de uma das várias espécies de atos administrativos disponíveis[6], já que há divergência, inclusive, se o parecer jurídico é ou não um ato administrativo.

2.2 CLASSIFICAÇÃO DO PARECER JURÍDICO[7]

Nesta obra, adotar-se-á o posicionamento de que o parecer jurídico é um ato administrativo e, portanto, pode ser classificado em uma das espécies indicadas pela doutrina. Segundo Carvalho (2022), a partir de uma classificação que toma por base os efeitos do ato administrativo no mundo jurídico, os atos administrativos podem ser: normativos, ordinatórios, negociais, enunciativos e punitivos.

Para Carvalho (2022, p. 322), os atos administrativos da espécie enunciativos:

> Tradicionalmente, são os atos administrativos que estabelecem opiniões e conclusões do ente estatal como, por exemplo, os pareceres, sendo, também, considerados enunciativos aqueles que verificam e atestam situação de fato ocorrida que afeta a atuação estatal.

Segundo o citado autor (2022, p. 323), parecer é o

> ato administrativo por meio do qual se emite opinião de órgão consultivo do Poder Público, sobre assunto de sua competência, sejam assuntos técnicos ou de natureza jurídica, concluindo pela atuação de determinada forma pelo órgão consulente.

Por fim, Carvalho (2022, p. 323) classifica o parecer jurídico em obrigatório e facultativo:

---

6 Há nesse ponto impasse doutrinário que impacta a atribuição de responsabilidade ao parecerista. O impasse consiste no entendimento de que o parecer seria (ou não) um ato administrativo.

7 Na classificação do parecer jurídico, adotamos a classificação do autor Matheus Carvalho, exposta na 10ª edição da obra "Manual de direito administrativo", publicada pela Editora JusPODIVM em 2022.

> O parecer poderá ser facultativo, nas situações em que não há obrigatoriedade de sua emissão para a prática regular do ato administrativo, sendo obrigatório em hipóteses nas quais a apresentação do ato opinativo é indispensável à regularidade do ato, situações em que a ausência do parecer enseja a nulidade do ato por vício de forma.

A questão que se discute é a responsabilidade do parecerista jurídico quando ato praticado com base em seu entendimento venha a lesar o ente público, o que ganha maior relevo quando tratamos de licitações e contratos, já que as ilegalidades cometidas nessa seara acabam por causar prejuízos ao erário.

Doutrina e jurisprudência se dividem em entender, de um lado, que o parecerista seria isento, diante de seu ato meramente opinativo, e, de outro, que existe responsabilização do parecerista, sobretudo quando age com má-fé, dolo, culpa ou erro grosseiro, afinal não poderia existir um agente público coberto pela completa impunidade pelos seus atos. É a celeuma que se busca discutir, sobretudo considerando que se trata de um manual de condutas, e não de um repositório de teses defensivas.

2.3 A RESPONSABILIDADE DO PARECERISTA NA LEI

2.3.1 O que dispõe a Lei de Introdução às Normas do Direito Brasileiro

O art. 28[8] da Lei de Introdução às Normas do Direito Brasileiro (LINDB; Decreto-Lei n. 4.657/1942) dispõe que o agente público responderá pessoalmente por suas decisões ou opiniões técnicas em caso de dolo ou erro grosseiro. Esse artigo trata da responsabilização tanto do gestor, que decide, quanto daquele agente que não decide, mas emite uma opinião técnica.

É importante destacar que o art. 28 não indicou a culpa em sentido amplo, mas sim o erro grosseiro, uma espécie mais restrita de culpa.

Embora o art. 28 da LINDB não trate especificamente do parecerista, é a ele aplicável, pois o parecerista se enquadra no conceito de agente público. Assim, via de consequência, a responsabilização do parecerista foi reduzida para os casos em que atue com dolo ou erro grosseiro.

---

8 Inserido pela Lei n. 13.655/2018.

À primeira vista, considerando que permanece a responsabilização no caso de erro grosseiro, uma espécie mais restrita de culpa, poder-se-ia dizer que a alteração da legislação trouxe pouca consequência prática. Contudo, não é assim que entendeu a doutrina. Binenbojm e Cyrino (2018, p. 221) destacam como consequência do art. 28 a criação de ambiente institucional propício à inovação:

> O art. 28 da LINDB constitui espécie de cláusula geral do erro administrativo. Seu escopo, como tal, é oferecer segurança jurídica ao agente público com boas motivações, mas falível como qualquer pessoa. Assim, criam-se os incentivos institucionais necessários à promoção da inovação e à atração de gestores capacitados.
>
> De um lado, a responsabilização do agente público nos casos de dolo e erro grosseiro tem o efeito de reprimir e desestimular os casos de corrupção, fraude e culpa grave. De outro lado, admitir o erro, salvo quando grosseiro, faz sentido num regime jurídico que pretenda viabilizar soluções inovadoras e impedir que as carreiras públicas se tornem armadilhas para pessoas honestas, capazes e bem-intencionadas.

Discordamos dos autores apenas quando afirmam que se criam, a partir do art. 28, incentivos institucionais necessários à atração de gestores capacitados. Isso porque, a nosso ver, a permissividade ao erro sem responsabilização, salvo quando grosseiro, pode atrair gestores ou incentivar naqueles já inseridos na Administração Pública a ousadia para buscar soluções novas, ainda não testadas pelo tempo (leia-se "prática administrativa"). Não raras vezes, os gestores capacitados já se encontram na Administração Pública, mas, pelo receio de serem pessoalmente responsabilizados, não se sentem suficientemente encorajados a inovar.

O mesmo acontece com os pareceristas. Embora não decidam, emitem opiniões técnicas que embasam decisões dos gestores e, não raras vezes, são responsabilizados conjuntamente. Nesse contexto de responsabilização, diante de situações novas e sem parâmetro administrativo, o parecerista indefere pleitos e/ou recomenda a não adoção de determinada alternativa inovadora, não porque as considera ilegais ou ilegítimas, mas por puro receio de ser responsabilizado.

Usando as palavras dos autores Binenbojm e Cyrino (2018, p. 221), o art. 28 da LINDB trouxe então uma "cláusula geral do erro administrativo", uma permissão ao erro, desde que não seja grosseiro, sem responsabilização do agente que decidiu ou opinou tecnicamente.

2.3.2 Considerações sobre erro grosseiro

A tarefa de conceituar erro grosseiro ficou a cargo do Decreto n. 9.830/2019[9], que, em seu art. 12, § 1º, considera ser aquele manifesto, evidente e inescusável praticado com culpa grave, caracterizado por ação ou omissão com elevado grau de negligência, imprudência ou imperícia.

O conceito trazido pelo decreto aponta qualidades que não deixam dúvida de que não é qualquer erro que pode ser considerado grosseiro. Assim como não é qualquer negligência, imprudência ou imperícia, mas sim aquela omissão ou ação praticada com alto grau de negligência, imprudência ou imperícia.

Posto o conceito, o Decreto n. 9.830/2019 reforça a necessidade de prova, o que impede a presunção na responsabilização, ao exigir que seja comprovada a situação ou circunstância fática capaz de caracterizar o dolo ou o erro grosseiro. Além de exigir a prova da situação ou circunstância fática, o referido decreto afasta a responsabilidade objetiva ao prever, em seu art. 12, § 3º, que o mero nexo de causalidade entre a conduta e o resultado danoso não implica responsabilização.

O Decreto n. 9.830/2019 traz ainda uma atenuante, quando prevê que a complexidade da matéria e das atribuições exercidas pelo agente público serão consideradas em eventual responsabilização. Tal previsão é importante, especialmente para os pareceristas que atuam com licitações, um tema complexo, composto por subtemas jurídicos e não jurídicos, com os quais o parecerista deve lidar no exercício de suas atribuições.

Pelo teor dos dispositivos do art. 28 da LINDB e do art. 12 do Decreto n. 9.830/2019, é possível afirmar que, legalmente, houve uma redução do espectro de responsabilização do parecerista. Essas disposições,

[9] Decreto regulamentador do disposto nos arts. 20 a 30 do Decreto-Lei n. 4.657/1942.

contudo, não limitam a criatividade dos órgãos de controle, como o Tribunal de Contas da União (TCU), que, em diversas decisões, vem construindo o seu próprio conceito de erro grosseiro[10].

Por fim, destacamos que, embora tenha havido uma redução das possibilidades de responsabilização do parecerista, todos esses dispositivos não eximem o agente público de atuar de forma diligente e eficiente no cumprimento dos seus deveres constitucionais e legais.

Além disso, cada tribunal e órgão de controle dará a sua interpretação de erro grosseiro, podendo variar muito entre a quase irresponsabilidade do parecerista até a responsabilização em todos os casos de erro.

Nesse contexto, cabe ao parecerista jurídico, em matéria de licitações, empregar toda a cautela possível, buscar atualização e capacitação sobre os temas, principalmente aqueles não jurídicos, porém com previsão legal.

2.3.3 Como dispõe o Código de Processo Civil

Sobre a responsabilização, o art. 184 do Código de Processo Civil (CPC) prevê que o membro da Advocacia Pública será civilmente e regressivamente responsável quando agir com dolo ou fraude no exercício de suas funções. Comparando-se o art. 184 do CPC com o art. 28 da LINDB, é possível afirmar que a responsabilização do CPC é ainda mais restrita.

Então, questiona-se: em âmbito administrativo, na emissão de pareceres jurídicos, aplica-se o art. 184 do CPC ou o art. 28 da LINDB?

A nosso ver, a resposta encontra-se no art. 15 do CPC, pois esse prevê que as disposições do CPC serão aplicadas supletiva e subsidiariamente aos processos eleitorais, trabalhistas ou administrativos, na ausência de normas que regulem tais processos.

Tendo em vista que o art. 28 da LINDB é mais específico, porque trata especificamente da responsabilização do agente público quando da emissão de opiniões técnicas, entendemos que, em âmbito administrativo, na emissão de pareceres jurídicos, se aplica o art. 28 da LINDB, e não o art. 184 do CPC.

---

[10] São exemplos de decisões: Acórdão n. 2.860/2018, Plenário; Acórdão n. 1.689/2019, Plenário; Acórdão n. 9.294/2020; Acórdão n. 4.447/2020, 2ª Câmara; Acórdão n. 2.012/2022, 2ª Câmara.

2.3.4 Como dispõe a Lei n. 14.133/2021

A Lei n. 14.133/2021 tratava da responsabilização no art. 53, § 6º, que assim dispunha: "§ 6º O membro da advocacia pública será civil e regressivamente responsável quando agir com dolo ou fraude na elaboração do parecer jurídico de que trata este artigo".

Ocorre que parágrafo foi vetado pelo Presidente da República, fundado nas seguintes razões:

> **Razões do veto**
>
> A propositura dispõe que o membro da advocacia pública será civil e regressivamente responsável quando agir com dolo ou fraude na elaboração do parecer jurídico de que trata este artigo.
>
> Todavia, em que pese a boa intenção do legislador, no objeto específico deste artigo, o advogado, público ou privado, já conta com diversas outras disposições sobre a sua responsabilização profissional (Lei n. 8.906, de 1994; art. 184 do CPC; e, para os profissionais da Advocacia-Geral da União, também na Lei n. 13.327, de 2016), as quais não estão sendo revogadas e nem harmonizadas com essa propositura.
>
> Ademais, o artigo não faz referência a eventual responsabilização administrativa ou mesmo penal daquele advogado, o que pode causar incerteza jurídica quanto à eventual instituição de responsabilidade "cível" (excludente das possíveis responsabilidades administrativa e/ou penal, em indevido recrudescimento do sistema atualmente vigente).
>
> Por fim, o dispositivo parece potencializar a geração de celeuma acerca do nível de responsabilização dos pareceristas jurídicos junto aos procedimentos licitatórios, razões todas essas que justificariam o seu veto por contrariedade ao interesse público.

Assim, o legislador perdeu uma grande oportunidade de regular a matéria de forma menos confusa e mais específica aos pareceristas jurídicos que atuam junto aos procedimentos licitatórios, o que poderia ter ocorrido com a derrubada do veto ao § 6º do art. 53.

2.3.5 Entendimentos do TCU sobre erro grosseiro

Considerando-se a ausência de tratamento da responsabilidade do parecerista na Lei n. 14.133/2021 e partindo-se do pressuposto de que esta deve ser regulada pelo art. 28 da LINDB, e não pelo art. 184 do CPC, passamos à análise da expressão "erro grosseiro" na visão do TCU, a partir de suas recentes decisões.

Desde a alteração legislativa para a inclusão do art. 28 na LINDB, o TCU vem proferindo decisões sobre o tema "erro grosseiro". Por se tratar de decisões de casos específicos, e não de respostas a consultas[11], não possuem caráter normativo. Contudo, essas decisões demonstram a linha de entendimento que vem seguindo o citado órgão de controle.

No Acórdão n. 4.447/2020 (2ª Câmara, relatoria do Ministro Aroldo Cedraz), o TCU considerou erro grosseiro "aquele que pode ser percebido por pessoa com diligência abaixo do normal ou que pode ser evitado por pessoa com nível de atenção aquém do ordinário, decorrente de grave inobservância de dever de cuidado". Essa decisão do TCU remete à figura do "homem médio", tão conhecida no mundo jurídico, porém de pouca ou nenhuma precisão e de grande variação conforme ambiente, nível educacional etc.

Tão indefinida quanto a figura do homem médio é a do administrador médio tratada no Acórdão n. 2.012/2022 (relatoria do Ministro Antônio Anastasia). No citado acórdão, o TCU decidiu que o erro grosseiro "fica configurado quando a conduta do agente público se distancia daquela que seria esperada do administrador médio, avaliada no caso concreto".

Sobre uma atuação mais específica do gestor, no Acórdão n. 2.599/2021 (Plenário, relatoria do Ministro Bruno Dantas), o TCU entendeu que:

> [...] pode ser tipificada como erro grosseiro (art. 28 do Decreto-lei 4.657/1942 – Lei de Introdução às Normas do Direito

[11] Segundo o art. 1º, inciso XVII, da Lei Orgânica do TCU, Lei n. 8.443/1992, compete ao TCU decidir sobre consulta que lhe seja formulada a respeito de dúvida suscitada na aplicação de dispositivos legais e regulamentares concernentes a matéria de sua competência. Nos termos do § 2º do citado artigo, a resposta à consulta tem caráter normativo e constitui prejulgamento da tese, mas não do fato ou caso concreto.

> Brasileiro) a decisão do gestor que desconsidera, sem a devida motivação, parecer da consultoria jurídica do órgão ou da entidade que dirige. Tal conduta revela desempenho aquém do esperado do administrador médio, o que configura culpa grave, passível de multa.

Em outra decisão versando sobre uma atuação mais específica do gestor, no Acórdão n. 2.783/2022 (Plenário, relatoria do Ministro Augusto Nardes), o TCU afirmou que:

> Para fins do exercício do poder sancionatório do TCU, pode ser tipificada como erro grosseiro (art. 28 do Decreto-lei 4.657/1942 – Lindb) a homologação de dispensa de licitação e a assinatura do contrato sem a existência de projeto básico, em afronta ao art. 7º, §§ 2º, inciso I, e 9º, da Lei 8.666/1993.

No Acórdão n. 2.028/2020 (Plenário, relatoria do Ministro-Substituto Augusto Sherman), o entendimento do TCU foi no sentido de conferir mais efetividade às suas determinações. Na citada decisão, considerou que:

> Para fins do exercício do poder sancionatório do TCU, pode ser tipificado como erro grosseiro (art. 28 do Decreto-lei 4.657/1942 – Lindb) o descumprimento, sem a devida motivação, de determinação expedida pelo TCU, pois tal conduta revela grave inobservância do dever de cuidado, o que configura culpa grave.

Adentrando ainda mais a prática administrativa, analisando conduta na fase de planejamento, o TCU, no Acórdão n. 2.459/2021 (relatoria do Ministro Augusto Nardes), entendeu que pode ser tipificada como erro grosseiro "a elaboração de documentos que fundamentem a contratação de serviços sem justificativas para os quantitativos a serem adquiridos". Tendo em vista a importância que ganhou a fase de planejamento na Lei n. 14.133/2021, com indicação na lei dos requisitos do estudo técnico preliminar e do termo de referência, além da exigência do plano de contratação anual, esse acórdão merece atenção.

Na fase pré-contratual, no Acórdão n. 610/2021 (Plenário, relatoria do Ministro Aroldo Cedraz), o TCU entendeu que pode ser tipificada como erro grosseiro a contratação de cooperativa, em desvio aos objetivos dessa pessoa jurídica, quando atua como mera intermediadora de mão de obra.

Na fase contratual, no Acórdão n. 13.053/2019 (2ª Câmara, relatoria do Ministro Augusto Nardes), o TCU considerou que o pagamento de serviços de natureza continuada pode ser tipificado como erro grosseiro. Nesse acórdão, o TCU considerou que a violação a dispositivo expresso de lei, no caso o art. 60, parágrafo único, da Lei n. 8.666/1993, é erro grosseiro.

No contexto de uma fiscalização de obra pública, no Acórdão n. 1.241/2022 (Plenário, relatoria do Ministro Walton Alencar Rodrigues), o TCU tipificou como erro grosseiro:

> a aprovação, pelo fiscal do contrato de obra pública, de planilha anexa ao termo aditivo do contrato contendo quantitativos de serviços incompatíveis com os quantitativos constantes da planilha orçamentária do projeto executivo, acarretando a desfiguração do projeto básico. O fato de a Administração contratar terceiro para auxiliá-la na fiscalização do empreendimento (art. 67 da Lei 8.666/1993) não afasta a responsabilidade daquele agente público por tal irregularidade, porquanto a função do terceiro contratado é de assistência, não de substituição.

Especificamente sobre a responsabilização do parecerista fundada em erro grosseiro, o TCU já vinha se manifestando mesmo antes da alteração da LINDB em 25/04/2018, a qual incluiu o art. 28.

No Acórdão n. 10.954/2015 (2ª Câmara, relatoria do Ministro Augusto Nardes), proferido num processo de tomada de contas especial, o TCU entendeu que: "O parecerista jurídico pode ser responsabilizado por erro grosseiro em parecer emitido em cumprimento ao art. 38, parágrafo único, da Lei 8.666/1993, que exige o prévio exame e aprovação das minutas de contrato pelas assessorias jurídicas". Igual teor foi decidido, no âmbito de uma tomada de contas especial, no Acórdão n. 1.151/2015 (Plenário, relatoria da Ministra Ana Arraes).

Mesmo reconhecendo a natureza opinativa do parecer, o TCU já entendeu ser possível a responsabilização do parecerista. No Acórdão n. 1.656/2015 (Plenário, relatoria do Ministro Marcos Bemquerer), também anterior à alteração da LINDB, o TCU entendeu que: "Ainda que a natureza opinativa do parecer jurídico afaste, em regra, a responsabilidade de seu emitente, essa subsiste, caso se demonstre culpa ou erro grosseiro".

Pouco antes da alteração da LINDB em 25/04/2018, no Acórdão n. 362/2018 (Plenário, relatoria do Ministro Augusto Nardes), o TCU considerou que:

> O parecerista jurídico pode ser responsabilizado solidariamente com o gestor quando, por dolo, culpa ou erro grosseiro, induz o administrador público à prática de ato grave irregular ou ilegal.

Após a alteração da LINDB em 2018, com a inclusão do art. 28, que trouxe a figura do erro grosseiro, no Acórdão n. 615/2020 (Plenário, relatoria da Ministra Ana Arraes), o TCU considerou que:

> A ausência de critério de aceitabilidade dos preços unitários em edital de licitação para contratação de obra, em complemento ao critério de aceitabilidade do preço global, configura erro grosseiro que atrai a responsabilidade do parecerista jurídico que não apontou a falha no exame da minuta do ato convocatório, pois deveria saber, como esperado do parecerista médio, quando as disposições editalícias não estão aderentes aos normativos legais e à jurisprudência.

Por fim, sobre a atuação do parecerista na fase contratual, no Acórdão n. 10.830/2020 (1ª Câmara, relatoria do Ministro Vital do Rêgo), o TCU considerou que:

> A emissão de parecer jurídico sem abordar a inviabilidade de conceder a empresa contratada pela Administração reajuste de preço por desconformidade com o art. 40, inciso XI, da Lei 8.666/1993 c/c os arts. 2º e 3º da Lei 10.192/2001 caracteriza erro grosseiro e acarreta a aplicação de multa ao seu autor.

Pelo que até aqui foi exposto, fica claro que o parecer jurídico em licitações deve que ser fundamentado, deve apontar falhas na instrução processual, o não cumprimento de exigências legais, se houve restrições indevidas, bem como apontar soluções, se for o caso. Partindo dessa premissa, poder-se-ia questionar se seria possível o parecerista jurídico ser responsabilizado por matérias não jurídicas, o que é muito comum em processos licitatórios. Uma decisão que tangenciou a questão foi o Acórdão n. 9.294/2020, da 1ª Câmara do TCU, Relator Ministro Bruno Dantas, do qual se extrai a seguinte passagem:

> No caso, o parecer jurídico da recorrente permitiu que o certame transcorresse com exigências restritivas, as quais tiveram repercussão na disputa com a inabilitação de licitantes, restando, ao final, somente a proposta da vencedora.
>
> As ilegalidades apontadas pela fiscalização deste Tribunal se materializaram, essencialmente, pelo edital exigir: quantitativos mínimos para fins de habilitação; vistoria técnica por profissional específico; e capital mínimo e garantia, simultaneamente.
>
> A verificação da regularidade das exigências habilitatórias, no caso concreto, não demandava maiores conhecimentos técnicos, estando na esfera de competência rotineira de quem labora com licitações e contratos. Não havia, portanto, maiores controvérsias ou complexidades técnicas que pudessem dificultar a manifestação jurídica da parecerista.
>
> Outro erro grave consistiu na aprovação do certame sem que o projeto básico da obra tivesse sido aprovado pela autoridade competente e disponível aos licitantes, conforme preceitua o art. 7º, § 2º, inciso I, da Lei 8.666/1993. O projeto básico foi aprovado somente em 15/1/2010 e homologado em 21/1/2010, ao passo que a fase externa da licitação foi processada no dia 7/12/2009, com apresentação de propostas em 11/1/2010.

Nessa decisão, o que se observa não é propriamente uma responsabilização do parecerista por matérias não jurídicas, mas sim uma responsabilização por um parecer jurídico não adequadamente fundamentado, que não enfrentou exigências técnicas que apresentassem previsão legal.

Analisando os acórdãos citados neste tópico, é possível afirmar que o casuísmo dá o tom da definição e do preenchimento de sentido da expressão "erro grosseiro".

Um ponto que merece destaque é a consideração do TCU de que o descumprimento de dispositivo legal pelo parecerista é considerado erro grosseiro.

Considerando-se que houve uma ampliação da atuação do parecerista jurídico pela Lei n. 14.133/2021, exigindo que o parecerista faça um controle de legalidade de todo o processo de contratação, bem como a incorporação à lei de licitação de diversos requisitos (estudo técnico preliminar – ETP, termo de referência – TR, projeto básico, pesquisa de preço), tem-se que o parecerista diligente deve se atentar a esses novos requisitos legais, demonstrando que os analisou sob uma perspectiva jurídica, para, assim, tentar mitigar as chances de responsabilização fundada em erro grosseiro.

2.4 A RESPONSABILIDADE DO PARECERISTA EM DECISÕES DO STF

A posição do Supremo Tribunal Federal em relação à responsabilidade do parecerista é extremamente relevante como norteadora da conduta dos operadores do direito. No entanto, o STF tem mudado o seu entendimento no decorrer do tempo, sendo válido trazer a esta obra decisões históricas sobre o assunto, que contribuíram para a evolução da teoria acerca da responsabilidade, bem como o entendimento atual.

2.4.1 Evolução histórica

A primeira decisão em que o Supremo Tribunal Federal enfrentou o tema foi em 2003, no Mandado de Segurança n. 24.073/DF. Nela, o STF filiou-se aos entendimentos que defendiam a ausência de responsabilidade.

> CONSTITUCIONAL. ADMINISTRATIVO. TRIBUNAL DE CONTAS. TOMADA DE CONTAS: ADVOGADO. PROCURADOR: PARECER. Cf., art. 70, parág. Único, art. 71, II, art. 133. Lei 8.906, de 1994, art. 2, parágrafo 3, art. 7, art. 32, art. 34, IX. I – Advogado de empresa estatal que, chamado a opinar, oferece parecer sugerindo a contratação direta, sem licitação, mediante interpretação da lei de licitações. Pretensão do Tribunal de Contas da União em responsabilizar o advogado solidariamente com o administrador que decidiu pela contratação direta: **impossibilidade, dado que o parecer não é ato administrativo, sendo, quando muito, ato de administração consultiva, que visa a informar, elucidar, sugerir providências administrativas a serem estabelecidas nos**

> **atos de administração ativa.** (BANDEIRA DE MELLO, Celso Antônio. *Curso de Direito Administrativo.* 13. ed. São Paulo: Malheiros, 2001. p. 377). II – O advogado somente será civilmente responsável pelos danos causados a seus clientes ou a terceiros, se decorrentes de erro grave, inescusável, ou de ato ou omissão praticado com culpa, em sentido largo: Cód. Civil, art. 159; Lei n. 8906/94, art. 32. III. – Mandado de Segurança deferido. (STF. MS 24.073/DF. Relator: Min. Carlos Velloso. Julgamento: 6/11/2002. Órgão julgador: Tribunal Pleno).

Nessa decisão, partiu-se do pressuposto de que o parecer não é ato administrativo por tratar-se de manifestação meramente opinativa, razão pela qual não seria possível a responsabilidade solidária entre parecerista e gestor. Segundo a decisão, quem decide é o gestor, e não o parecerista.

Em 2007, o STF proferiu decisão no MS n. 24.584/DF, mudando o seu entendimento ao enfrentar exatamente um caso de responsabilidade do parecerista na Lei n. 8.666/1993:

> ADVOGADO PÚBLICO – RESPONSABILIDADE – ART. 38 DA LEI N. 8.666/93 – TRIBUNAL DE CONTAS DA UNIÃO – ESCLARECIMENTOS. Prevendo o art. 38 da Lei n. 8.666/93 que a manifestação da assessoria jurídica quanto a editais de licitação, contratos, acordos, convênios e ajustes não se limita a simples opinião, alcançando a aprovação ou não, descabe a recusa à convocação do Tribunal de Contas da União para serem prestados esclarecimentos. (STF. MS 24.584/DF. Relator: Min. Marco Aurélio Melo. Julgamento: 9/8/2007. Órgão julgador: Tribunal Pleno).

Aqui, entendeu-se que o parecer, em se tratando de licitações, não seria meramente opinativo, uma vez que teria o condão de aprovar ou não o processo licitatório, servindo de base para a decisão do administrador. É o oposto do entendimento anterior, entendendo-se pela possibilidade de o parecerista ser convocado do Tribunal de Contas da União para prestar esclarecimentos, bem como pela possibilidade de responsabilidade pela decisão no procedimento licitatório, em iguais condições com o administrador, o que também não nos parece razoável.

Além disso, houve uma confusão entre os conceitos de obrigatoriedade do parecer e vinculação do parecer. O fato de a Lei n. 8.666/1993 determinar a emissão de parecer jurídico o faz obrigatório, mas não necessariamente o faz vinculante, isso porque em nenhum momento a lei indica que o administrador seja impedido de agir em discordância com o parecer. Assim, porém, não foi como entendeu o STF, que considerou o parecer, fundado no art. 38, parágrafo único, da Lei n. 8.666/1993, como vinculante.

A próxima decisão sobre o tema é do Ministro Joaquim Barbosa, no MS 24.631-6/DF, no qual ele classifica a natureza do parecer:

> Assim, poder-se-ia dizer que: (i) quando a consulta é facultativa, a autoridade não se vincula ao parecer proferido, sendo que seu poder de decisão não se altera pela manifestação do órgão consultivo; (ii) quando a consulta é obrigatória, a autoridade administrativa se vincula a emitir o ato tal como submetido à consultoria, com parecer favorável ou contrário, e se pretender praticar ato de forma diversa da apresentada à consultoria, deverá submetê-lo a novo parecer; (iii) mas quando a lei estabelece a obrigação de 'decidir à luz de parecer vinculante' (*décidir sur avis conforme*), o administrador não poderá decidir senão nos termos da conclusão do parecer ou, então, não decidir. (STF. MS 24.631-6/DF. Relator: Min. Joaquim Barbosa. Julgamento: 9/8/2007. Publicação: *DJe* em 1º/2/2008).

Referida decisão é considerada histórica, pois traz lucidez ao tema ao distinguir os conceitos de obrigatoriedade e vinculação. Mesmo sendo o parecer obrigatório, como na Lei n. 8.666/1993 e na Lei n. 14.133/2021, não é necessariamente vinculante, tendo o administrador a prerrogativa de atuar com outro entendimento, desde que de maneira fundamentada, o que o Ministro Joaquim Barbosa chamou de "submetê-lo a novo parecer".

Em decisão recente, no HC 171576/RS, de 2019, o STF julgou um caso de contratação direta, com dispensa de licitação, em que ocorreu fraude, tendo entre os denunciados o assessor jurídico que emitiu o parecer opinando pela regularidade do feito.

Segundo o Ministério Público, o parecerista deveria ter fiscalizado a regularidade da dispensa de licitação, bem como do contrato. No voto do relator, por outro lado, constou que:

> É que, no processo licitatório, não compete ao assessor jurídico averiguar se está presente a causa de emergencialidade, mas apenas se há, nos autos, decreto que a reconheça. Sua função é zelar pela lisura sob o aspecto formal do processo, de maneira a atuar como verdadeiro fiscal de formalidades.

É importante conhecer e entender as decisões do STF sobre o tema; contudo, é preciso atentar-se para o fato de que, após a inclusão do art. 28 da LINDB, a responsabilização do agente – o que inclui o parecerista – está vinculada à demonstração do elemento subjetivo – dolo ou culpa (erro grosseiro).

2.5 ALGUMAS CONSIDERAÇÕES SOBRE A RESPONSABILIDADE DO PARECERISTA NA DOUTRINA

A doutrina administrativista diverge quanto à possibilidade de responsabilizar o parecerista. Inicialmente, discutia-se se o parecerista jurídico poderia ser responsabilizado por uma opinião expressada no parecer. Entretanto, outros elementos ingressaram na discussão, tornando-a ainda mais acalorada, como os conceitos de "vinculação" e "obrigatoriedade" do parecer. Como vimos, há uma confusão entre esses conceitos. O parecer é obrigatório quando determinada a sua emissão por lei, ao passo que é vinculante quando a autoridade não pode atuar em desacordo com a opinião expressa no parecer.

Ao distinguir a interpretação legal e a convicção do parecerista, Justen Filho (2021, p. 653) expõe:

> A garantia de autonomia do assessor jurídico precisa ser compatibilizada com a correção técnica de sua atuação. O advogado, no exercício de sua profissão, dispõe da mais ampla autonomia. Isso não significa, no entanto, ausência de deveres em face da lei e daquele em prol de quem ele atua. Isso significa que o conteúdo concreto do direito não se confunde com a convicção pessoal do advogado. Em face do caso concreto, o parecerista tem de examinar a orientação prevalente da doutrina e da jurisprudência. Cabe-lhe o dever de informação e atualidade, de modo a conhecer, completa e exaustivamente, as diversas alternativas admitidas como aceitáveis pelos órgãos de aplicação do direito.

Atento aos riscos de paralisação da atividade administrativa, Justen Filho (2021, p. 654) alerta:

> Por outro lado, adotar o critério de responsabilização ampla e indiscriminada dos assessores jurídicos em caso de qualquer divergência com o entendimento prevalente resultará numa situação de paralisia da atividade administrativa. O efeito prático não será a obtenção dos pareceres jurídicos mais satisfatórios e apropriados. Isso resultará na produção de pareceres jurídicos negativos para toda e qualquer iniciativa. Diante do risco de responsabilização por manifestar-se a favor de uma proposta, a solução mais segura será o parecer contrário.

Enfatizando a importância de análise integral dos autos e o enfrentamento das questões mais relevantes, no Acórdão n. 1.944/2014 o Plenário do TCU consignou que:

> 26. De fato, a utilização de pareceres jurídicos sintéticos, de apenas uma página, com conteúdo genérico, sem demonstração da efetiva análise do edital e dos anexos, em especial quanto à legalidade das cláusulas editalícias, permitiu, no caso concreto, a presença de itens posteriormente impugnados, inclusive por meio da presente representação, e que foram alterados nos certames subsequentes.
>
> 27. Este Tribunal já se posicionou acerca da necessidade de os pareceres jurídicos exigidos pelo art. 38 da Lei n. 8.666, de 21 de junho de 1993, integrarem a motivação dos atos administrativos, com abrangência suficiente, evidenciando a avaliação integral dos documentos submetidos a exame (v.g., Acórdão 748/2011-TCU-Plenário).

A análise do parecerista não pode ser um ato *pro forma*, apenas para cumprir um comando legal. Concordamos com o autor Marçal Justen Filho quando critica a responsabilização ampla do parecerista, bem como quanto às possíveis consequências de engessamento e paralisação da atividade administrativa. Além disso, o parecerista não pode manifestar-se de forma lacônica, sem análise efetiva dos autos, apenas para cumprir um comando legal, especialmente depois da Lei n. 14.133/2021, que ampliou o espectro de análise do órgão de assessoramento jurídico.

2.6 COMO O PARECERISTA PODE EVITAR A RESPONSABILIZAÇÃO

Dados os entendimentos doutrinários e jurisprudenciais, é prudente concluir que o parecerista não goza de imunidade absoluta na elaboração de seus pareceres. Contudo, a responsabilização tornou-se algo comum, especialmente diante da complexidade que envolve os processos licitatórios, chegando o parecerista, em alguns casos, a ser responsabilizado de forma ombreada com o gestor público.

O entendimento de que o parecerista não poderia ser responsabilizado levaria a um cenário de impunidade quase irrestrito; afinal, o advogado público seria acobertado pela imunidade de sua manifestação opinativa, ao passo que o administrador poderia eximir-se de sua conduta alegando que esta foi pautada em um parecer jurídico.

É inegável que o processo licitatório envolve temas complexos, muitas vezes alheios à análise jurídica; e, mesmo se tratando de apreciação precipuamente jurídica, há vários entendimentos em relação ao mesmo tema e tais entendimentos devem ser levados em consideração pelo parecerista quando da elaboração do parecer.

O parecerista deve observar a diligência mínima esperada para um ato administrativo de tamanha importância e incluir na sua análise as bases que formam a sua opinião, afastando-se ao máximo de subjetivismo e direcionamento sustentado em opiniões pessoais.

Um parecer bem fundamentado deve prever: a) informação das normas pertinentes ao caso; b) as doutrinas basilares e eventuais divergências; c) jurisprudência aplicável ao tema; e, sobretudo, d) informar os entendimentos variados sobre o caso, sob pena de direcionar o administrador a tomar a decisão conforme a opinião do parecerista, que não o esclareceu da existência de outras possibilidades.

Dessa forma, entende-se que inexiste a isenção plena do parecerista, sob pena de ensejar a impunidade deste e do administrador que atua conforme seus fundamentos. No entanto, a responsabilização do advogado que emite parecer deve considerar a complexidade do tema e a forma em que este foi abordado, se foi observada a diligência necessária pelo parecerista e se este cuidou de apontar eventuais divergências quanto ao assunto sobre o qual opina. Assim, a atuação imprudente e desidiosa deve ter consequências, e, sobretudo, deve ser responsabilizado o parecerista que atua em conluio com a administração, emitindo opiniões tendenciosas a respaldar qualquer tipo de desvio de finalidade.

Capítulo 3

ELEMENTOS DO PARECER JURÍDICO

3.1 OS ELEMENTOS ESSENCIAIS DO PARECER JURÍDICO

Na Lei n. 8.666/1993, o legislador limitou-se a prever, no parágrafo único do art. 38, que as minutas de editais de licitação, bem como as dos contratos, acordos, convênios ou ajustes, deveriam ser previamente examinadas e aprovadas por assessoria jurídica da Administração. O legislador sequer previu que o exame e a aprovação deveriam ocorrer por meio de um parecer jurídico.

Diferentemente da Lei n. 8.666/1993, a Lei n. 14.133/2021 deixou expressa a exigência em relação aos pareceres e licitação, bem como trouxe requisitos para a sua elaboração.

Em seu art. 53, a Lei n. 14.133/2021 determinou que, na elaboração do parecer jurídico, o órgão de assessoramento jurídico da Administração deverá redigir sua manifestação em linguagem simples e compreensível e de forma clara e objetiva.

Além disso, determinou que o órgão de assessoramento jurídico deve apreciar todos os elementos indispensáveis à contratação, expondo os pressupostos de fato e de direito levados em consideração na análise jurídica.

Pelo que vimos até aqui, é possível extrair que o parecer jurídico é uma manifestação técnica, que deve ser fundamentada em lei, considerando as divergências doutrinárias e jurisprudenciais sobre o tema, bem como as decisões dos demais órgãos aplicadores do direito, em especial os órgãos de controle. Tais considerações se referem ao conteúdo de um parecer e demonstram zelo na sua construção.

Ao lado do conteúdo, também com muita importância se reveste o tema dos elementos do parecer. É a forma em que será alocado e exposto seu conteúdo.

O parecer deve conter os seguintes elementos:

I. Preâmbulo.
II. Ementa.
III. Relatório.
IV. Fundamentação (regra jurídica e adequação ao caso).
V. Dispositivo (conclusão).

Vamos, então, tratar de cada um desses elementos do parecer, a fim de conduzir o parecerista à emissão de sua opinião de maneira legal e tecnicamente adequada, haja vista a responsabilidade deste ao proferir um parecer, como já tratado no capítulo anterior.

I. Preâmbulo

O preâmbulo é um elemento do parecer destinado ao controle e à organização dos pareceres emitidos no órgão de assessoramento jurídico. É no preâmbulo que se indica o número sequencial do parecer jurídico, o número do processo a que ele se refere, o órgão ou autoridade solicitante (interessado).

Ao tratar do elemento preâmbulo, Guimarães e Silva Neto (2012, p. 48) destacam:

> [...] o preâmbulo é um requisito bastante importante, pois, a partir dele, visualiza-se, rapidamente, os elementos identificadores da peça, permitindo ao leitor saber se está a tratar de um parecer, nota ou cota, por exemplo. Não bastasse isso, a indicação de ano e número permite um maior controle pela Administração de sua localização, assim como individualiza a peça em relação às demais.

Mesmo que não tenha conteúdo decisório, nem mesmo inicie o enfrentamento do tema do parecer, o preâmbulo é importante para identificar o parecer não só no âmbito do órgão emissor, mas também no órgão que o recebe, permitindo verificar se foi corretamente encaminhado a quem de fato o solicitou.

Exemplo:

Parecer n. XXX/2022
Ref.: Processo nº.: XXX
Interessado: Secretaria Municipal de Saúde

II. Ementa

Conforme as exigências da Lei n. 14.133/2021, o parecer deve ser redigido de maneira clara e objetiva. Nesse contexto, uma ementa, entendida como uma síntese adequada, atende a esse requisito, pois deixa evidente o objeto de análise e a opinião do parecerista.

Para Guimarães e Silva Neto (2012, p. 48-49):

> A ementa constitui-se numa breve apresentação do problema/dúvida apresentado pelo gestor e na solução encontrada pelo parecerista. Trata-se, em outras palavras, **de uma descrição discursiva do assunto através de apertada síntese**, conferindo ao leitor o conhecimento imediato da questão com base nos fatos e no direito. Ao antecipar a tese para quem lê, a ementa facilita o próprio entendimento, possibilitando um manuseio das informações de forma mais eficiente. (grifo dos autores).

Ao tratar sobre a ementa, Durão (2015, p. 38) subdivide esse elemento do parecer jurídico em duas partes: verbetação e dispositivo.

> a) **Verbetação** é a sequência lógica de palavras. São chavões ou expressões que indicam as questões analisadas e ponderadas no parecer. Os verbetes devem ser escritos com os mesmos caracteres do texto sem qualquer destaque, utilizando-se ponto após cada um deles. b) **Dispositivo** é a ponderação conclusiva estabelecida pelo parecerista para regular um caso concreto, devendo ser redigido sem qualquer elemento do processo (nome do interessado e argumentos).

É comum ouvir pareceristas que optam por não fazer ementa ou, quando o fazem, omitem a conclusão à qual chegaram no parecer, sob o argumento de que, ao assim proceder, incentiva-se ou até mesmo se propicia que não haja a leitura de todo o parecer. De fato, existe a possibilidade de um parecer não ser lido na íntegra pelo destinatário. Contudo, isso não pode ser argumento para dificultar a identificação do dispositivo ou a conclusão do parecer já no seu início. É sempre possível que o destinatário leia apenas a conclusão do parecer, tendo ou não ementa, tendo ou não o relatório; nem por isso é recomendável a não elaboração desses elementos.

É preciso lembrar sempre que a construção de um parecer fundamentado, que exponha a legislação aplicável ao caso, dificilmente se dará numa peça de "meia lauda", o que, contudo, não deve representar o incentivo para se escrever um verdadeiro tratado sobre a questão posta. É preciso equilíbrio e concisão.

Como se trata de uma síntese do entendimento, a ementa deve ser a última parte do parecer a ser redigida; afinal, durante o estudo e a análise jurídica dos fatos, o parecerista pode alterar a sua opinião inicial e a própria conclusão sobre o tema.

Exemplo:

AQUISIÇÃO DE MÁSCARAS. REEQUILÍBRIO ECONÔMICO-FINANCEIRO. ART. 124 DA LEI N. 14.133/2021. AUMENTO DO DÓLAR. ACÓRDÃO N. 1.431/2017, TCU. MERA VARIAÇÃO CAMBIAL NÃO É SUFICIENTE PARA ENSEJAR REEQUILÍBRIO. AUSÊNCIA DE COMPROVAÇÃO DE DESEQUILÍBRIO DO CONTRATO. IMPOSSIBILIDADE.

III. Relatório

O relatório, como o próprio nome deixa entrever, é a parte do parecer na qual o parecerista expõe sobre as peças e os atos mais importantes do processo sob análise. Na elaboração do relatório, o parecerista demonstra a análise que fez do processo, ao mesmo tempo que faz uma triagem sobre as peças mais importantes. Entretanto, o relatório não é apenas uma descrição objetiva e acrítica sobre o já ocorrido no processo.

Conforme Guimarães e Silva Neto (2012, p. 51):

> A partir disso, pode-se extrair um resumo dos autos, estabelecendo-se os pontos controvertidos e as questões que deverão ser resolvidas. Em suma, ao delimitar o campo de análise, permite-se um entendimento da questão de modo mais célere. Na hipótese de existirem perguntas formuladas pela autoridade consulente, torna-se possível listá-las nessa parte. Diferentemente da nota, o relatório é imprescindível ao parecer.

É no relatório que se encontrarão os elementos de fato que serão utilizados no convencimento do parecerista, consubstanciados ao final na conclusão.

Em um parecer de pedido de reequilíbrio, por exemplo, deve-se apontar os documentos principais do processo que serão sujeitos à análise: contrato, pedido do licitante, acompanhado dos documentos que lastreiam seu requerimento, notas ou pareceres técnicos emitidos pela área técnica, manifestação do fiscal e outros que se fizerem relevantes para a conclusão.

O relatório deve conter o indispensável não só para demonstrar que o parecerista analisou as peças mais importantes, como também para embasar a conclusão, sob pena de não ser objetivo e até mesmo ser incoerente com a conclusão.

Repise-se que um parecer jurídico é emitido por um operador do direito – procurador, advogado, assessor etc. –, mas tem como destinatário o gestor, o qual é tomador de decisões e não necessariamente tem conhecimento jurídico. Logo, o parecer, diferentemente de uma petição inicial, que é destinada a um juiz, tem a obrigação de ser claro, simples e resolutivo.

Considerando que o parecer como um todo deve ser objetivo, a objetividade deve ser ainda maior no relatório, já que esta parte tem o objetivo de resumir as partes, atos e decisões mais importantes do processo.

Exemplo:

> Versa o presente parecer acerca do requerimento formulado pela contratada XXXXXXX, a qual pretende reajuste financeiro do contrato celebrado com a administração para restabelecer o equilíbrio financeiro do contrato.
> A contratada junta sua solicitação ao demonstrativo da variação cambial entre o período de assinatura do contrato e o momento atual e requer o aumento do preço de seus produtos em xx%.
> O contrato está às fls. XX do processo.
> O contrato foi celebrado em XX/XX/2021.
> O ordenador de despesa questiona a esta procuradoria a possibilidade de reequilíbrio com base nos documentos apresentados.
> Em apertada síntese, este é o relatório.

IV. Fundamentação

Se no relatório o parecerista trouxe os fatos e os pontos controvertidos, na fundamentação trará o Direito – legislação, jurisprudência, tese jurídica – que sustentará a conclusão do parecer. Conforme Guimarães e Silva Neto (2012, p. 52):

> Na fundamentação, o parecerista elabora as premissas que sustentarão a sua conclusão final. Aqui, enfrentam-se as dúvidas levantadas pelos interessados, apresentando-se as teses a fim de espancá-las. É nessa parte que o procedimento administrativo é examinado, trazendo o advogado a legislação

pertinente, as remissões doutrinárias e o entendimento jurisprudencial aplicado ao caso e que dão supedâneo à sua intelecção.

Assim, o tripé estruturante de uma fundamentação é formado pela legislação aplicável ao caso, a jurisprudência sobre o tema e a doutrina divergente e consolidada sobre o assunto:

a) **Legislação aplicável ao caso:** a primeira e principal fonte de consulta para a elaboração do parecer jurídico é a legislação aplicável ao caso. Aqui, a expressão "legislação" foi tomada em seu sentido amplo, compreendendo as leis, os decretos, as portarias, as instruções normativas e outras normas (inclusive as internas do órgão ou entidade demandante) que versem sobre a questão a ser solucionada pelo parecerista. Nas questões cotidianas da Administração Pública, a consulta à legislação aplicável é suficiente para a elaboração do parecer jurídico. Entretanto, ocorre que nem sempre a legislação aplicável ao caso é suficiente para revelar a melhor solução para ele e, em alguns casos, sequer há solução. Nessas situações, é imprescindível que o parecerista pesquise as decisões – de órgãos de controle e do Poder Judiciário – sobre o tema.
b) **Jurisprudência sobre o tema:** diante de controvérsias e dúvidas originadas a partir da questão a ser solucionada no parecer, o parecerista deve buscar na jurisprudência os casos similares e as soluções aplicadas a eles. As decisões dos órgãos de controle ganham relevo e importância. Isso porque, embora não se revistam de caráter vinculante[12], as decisões dos órgãos de controle conferem "o tom e o sentido" da atividade controladora, permitindo a emissão de um parecer jurídico com mais segurança. Em matéria de licitações e contratos administrativos, são relevantes, além da jurisprudência dos Tribunais de Justiça estaduais, as decisões do TCU e dos Tribunais de Contas estaduais (TCEs).

[12] Exceto quando representarem a resposta a consultas *in abstrato*, estando, nesse caso, vinculados os jurisdicionados.

Outra alerta importante é que a jurisprudência sobre o tema não deve ser buscada apenas quando a legislação não apresenta uma solução para a questão enfrentada no parecer. Embora, diante desse caso, seja imprescindível fazê-lo. Por fim, destacamos que, no processo licitatório, há uma variedade de temas, jurídicos e não jurídicos, de alta complexidade. Reconhecendo essa realidade, cabe ao parecerista indicar em seu parecer se existem vários entendimentos em relação ao mesmo tema, especialmente se existirem decisões conflitantes na jurisprudência. As principais divergências devem ser debatidas na fundamentação do parecer, informando e instruindo adequadamente o gestor no processo de tomada de decisão.

c) **Doutrina:** os doutrinadores executam o árduo trabalho de conceituar institutos, classificá-los, construindo, assim, a ciência do Direito. Além de estruturarem determinado assunto, os doutrinadores aprofundam temas expostos de forma rasa pelo legislador, criando teses em torno delas. Assim, a doutrina é importante e, muitas vezes, decisiva na construção de um parecer jurídico fundamentado, sobretudo quando são tratados no parecer temas complexos, sobre os quais a doutrina já se manifestou. Sendo uma fonte do Direito, a doutrina pode e deve ser mencionada, o que demonstra ao solicitante e/ou gestor que autores referenciais da área pactuam com o entendimento do parecerista.

Aliando a legislação aplicável, a jurisprudência sobre o tema e a doutrina, as manifestações do parecerista devem ser claras e expressar o desenvolvimento de raciocínio jurídico. Ademais, deve-se sempre informar no parecer as diversas soluções jurídicas possíveis e indicar aquela que se entende como a mais adequada. Nesse sentido é a BPC n. 19 do *Manual de boas práticas consultivas* (2016) da Advocacia-Geral da União (AGU):

> Enunciado: Se a consulta possibilitar mais de uma solução jurídica igualmente plausível e sustentável, convém que a manifestação consultiva leve ao conhecimento do consulente também o entendimento jurídico alternativo e sua respectiva fundamentação.

A fundamentação bem estruturada do parecer é considerada, inclusive, para questões de responsabilidade, pois em vários julgados o TCU tem afastado a responsabilização de pareceristas quando demonstrada a eventual complexidade jurídica da matéria questionada, sendo apresentada argumentação devidamente fundamentada e defendida tese aceitável na doutrina ou na jurisprudência, ainda que essa tese seja considerada equivocada por aquele órgão.

Conforme disposto no Acórdão n. 1.591/2011 do TCU:

> 73. Dentro desse quadro, verifico que a manifestação dos consultores jurídicos, ao tratar da viabilidade de contratação direta da [...], escudou-se em pronunciamentos doutrinários (vide fls. 191, anexo 1), posicionamento que, ainda que não coincida com o entendimento desta Corte acerca da matéria e seja amparado por minoria de doutrinadores, não deixa de corresponder a interpretação de disposições legais. Além disso, pode-se constatar que o parecer em questão, ainda que defendendo posicionamento em outro sentido, expressamente admitiu a existência de divergências na interpretação da matéria e indicou qual a compreensão desta Corte de Contas a respeito do tema (vide §§ 14 e 15, fls. 191, anexo 1).

Desse modo, a fundamentação é importante, inclusive, para a defesa futura do parecerista, num eventual processo de responsabilização.

Exemplo:

> O reequilíbrio econômico-financeiro está previsto na Lei n. 14.133/2021, em seu art. 124, II, "d". [...]
> O contrato, às fls. XX, prevê na cláusula XX a possibilidade de reequilíbrio econômico-financeiro. [...]
> Acerca das sujeições imprevistas, ensina-nos Justen Filho (2010, p. 780): "[...] não se confunde com o fato imprevisto, que se caracteriza pela concretização superveniente. No caso da sujeição imprevista, o problema é anterior à contratação, mas desconhecida. Não se trata de um fato novo, mas de um fato pretérito desconhecido e que não era exigível que fosse conhecido, apto a impossibilitar a execução contratual tal como originalmente concebida". [...]
> O TCU, no Acórdão n. 1.431/2017, ao enfrentar situação da mesma natureza, entendeu que a mera variação cambial não é suficiente para ensejar reequilíbrio. [...]

V. Dispositivo

O dispositivo, também conhecido como conclusão, é o fechamento do raciocínio jurídico desenvolvido pelo parecerista, bem como do próprio parecer. Nele, o parecerista indica, de forma resumida e objetiva, a solução escolhida, de forma coerente e decorrente da fundamentação anteriormente exposta. Nesse sentido é a BPC n. 2 do *Manual de boas práticas consultivas* (2016) da AGU:

> As manifestações consultivas devem ser redigidas de forma clara, com especial cuidado à conclusão, a ser apartada da fundamentação e conter exposição especificada das orientações e recomendações formuladas, utilizando-se tópicos para cada encaminhamento proposto, a fim de permitir à autoridade pública consulente sua fácil compreensão e atendimento.

Caso o pedido de parecer tenha mais de uma questão a ser enfrentada (por exemplo, aditivo de prazo e de valor, reajuste e repactuação), o dispositivo deve indicar a resposta para cada uma.

É possível que a conclusão do parecer aponte para uma situação condicionante. Isso ocorre quando, dentre as várias condições para o deferimento do pleito, o preenchimento de determinada condição ou requisito não restou demonstrado no processo, o que, contudo, não impede o deferimento do pleito, desde que a área solicitante providencie o cumprimento. Nesse caso, é desnecessário que o processo retorne para novo parecer jurídico, bastando que a área solicitante demonstre o cumprimento das condicionantes nos exatos termos expostos na conclusão do parecer.

Ao tratar sobre o parecer condicionante, Guimarães e Silva Neto (2012, p. 54) recomendam que:

> Por conseguinte, é de todo recomendável evitar expressões como "diante do exposto, opina-se pelo prosseguimento do certame desde que atendidas as recomendações acima" ou "por tudo dito, conclui-se possível a assinatura do contrato somente se restarem atendidas as orientações expostas ao longo do opinativo" [grifo nosso].

Segundo os citados autores, essas expressões podem dificultar o entendimento, especialmente quando se considera que o gestor não tem formação jurídica.

Exemplo:

> Diante do exposto, OPINA-SE pela IMPOSSIBILIDADE de revisão de preços solicitada, haja vista a ausência de comprovação de situação extraordinária capaz de alterar o equilíbrio do contrato.
> OU
> Diante do exposto, OPINA-SE pela POSSIBILIDADE de revisão de preços solicitada, desde que atendidas as recomendações:
> *O contratado deverá anexar a cópia das notas fiscais de compras junto aos fornecedores nos últimos 3 (três) meses, a fim de comprovar as alegações da planilha.*

Assim, um bom parecer exige do parecerista atenção ao tema, boa habilidade com a redação, clareza na sua manifestação, enquadramento legal, análise dos fatos com base em todo o ordenamento jurídico e a observância de outros requisitos trazidos nas legislações específicas. Pode parecer simples, no entanto um bom parecer exige muito de quem o profere, sobretudo observância de elementos mínimos que conduzem à boa compreensão; afinal, um parecer é emitido para um solicitante que em regra não tem conhecimento jurídico e vem sustentar a sua decisão na opinião do parecerista.

Capítulo 4

PARECER JURÍDICO REFERENCIAL

4.1 CONCEITO DE PARECER JURÍDICO REFERENCIAL

Como vimos até aqui, o órgão de assessoramento jurídico manifesta-se, no processo licitatório, por meio de um parecer jurídico. Em regra, para cada demanda exposta num processo, é elaborado um parecer jurídico analisando a situação e indicando a solução juridicamente mais adequada ou as possíveis soluções extraíveis do ordenamento jurídico.

Ao lado dessas demandas específicas, que exigem a elaboração de pareceres jurídicos customizados, existem na Administração Pública as chamadas demandas de massa ou repetitivas. Para situações assim, seria, no mínimo, ineficiente prolatar diversos pareceres jurídicos de igual teor. Nesse contexto, surge a figura do parecer jurídico referencial.

Parecer jurídico referencial é uma manifestação jurídica na qual o parecerista analisa uma situação sob um enfoque mais abstrato, podendo ou não haver um caso paradigma, concluindo pela aplicação de uma norma jurídica ou pelo (in)deferimento de um pleito, caso atendidas e/ou presentes determinadas condicionantes.

A partir dessa conclusão jurídica abstrata, diversas situações específicas podem ser apreciadas a partir da checagem de atendimento das condições abstratas indicadas no parecer, promovendo, assim, uma racionalização da atividade consultiva. Após a elaboração do parecer referencial, é comum a elaboração de *checklist* para a orientação da checagem do atendimento das citadas condições.

Conforme já exposto, o parecer jurídico referencial é indicado em demandas jurídicas repetitivas, geralmente de baixa complexidade jurídica, que geram grande volume de processos administrativos no órgão de assessoramento jurídico. A solução exposta no parecer jurídico referencial, extraída a partir da análise abstrata ou de um único caso paradigma, será replicada nos demais processos mediante simples conferência dos documentos.

Ressalta-se que a utilização de um parecer referencial ou a menção a ele por um técnico, com ou sem formação jurídica, não quer dizer que naquele processo não houve parecer jurídico, muito menos que aquele técnico, responsável pela checagem do atendimento das condições expostas no parecer, estaria emitindo parecer jurídico.

Quando da emissão de um parecer referencial, a análise jurídica ocorre de forma exauriente e definitiva pelo parecerista. Os processos subsequentes que utilizarem esse parecer terão parecer jurídico – o parecer referencial, frise-se; apenas a checagem e o ateste do não atendimento ficarão relegados a outro agente público.

4.2 PRESSUPOSTOS PARA A EMISSÃO DE UM PARECER JURÍDICO REFERENCIAL

São pressupostos para a emissão de um parecer jurídico referencial:

a) existência de grande volume de demandas repetitivas e de idêntico fundamento fático e jurídico;
b) análise jurídica das demandas repetitivas que consista na verificação dos documentos apresentados, a fim de comprovar se cumprem os requisitos previstos na legislação;
c) possibilidade de essas demandas repetitivas serem resolvidas por uma solução jurídica uniforme;
d) aparelhamento – técnico e de pessoal – da área gestora para realizar a checagem e o ateste individualizado do atendimento das condições previstas no parecer referencial.

4.3 PRINCÍPIOS INFORMADORES DE UM PARECER JURÍDICO REFERENCIAL

Além dos clássicos princípios presentes no art. 37 da Constituição Federal, pode-se citar os princípios indicados no art. 2º da Lei n. 9.784/1999[13], segundo o qual a Administração Pública obedecerá aos

[13] Apesar de ser uma lei cuja aplicabilidade está restrita ao âmbito federal, a Lei n. 9.784/1999 serve como uma boa referência aos demais entes federados, sem que a sua utilização importe em esvaziamento ou mesmo comprometimento da competência de cada ente.

princípios da finalidade, motivação, razoabilidade, proporcionalidade, segurança jurídica, interesse público. Todos esses princípios, a seu modo, são harmônicos com a ideia de uma atuação administrativa mais célere, sem comprometer a motivação, a razoabilidade e a proporcionalidade.

De todos esses princípios, destaca-se a eficiência, na medida em que, a partir da emissão de parecer referencial, o órgão de assessoramento jurídico estará dispensado da análise individualizada das demandas, passando às áreas técnicas a atribuição de checar e atestar o atendimento das condições.

Outro princípio que merece destaque e que é atendido a partir da emissão de parecer referencial é o da segurança jurídica. Isso porque o parecer referencial tratará todas as demandas sob um mesmo parâmetro jurídico, eliminando a possibilidade de entendimentos diversos, muito comuns em procuradorias compostas por vários advogados pareceristas. Assim, o parecer referencial sedimenta um entendimento sobre determinada matéria jurídica.

O parágrafo único do art. 2º da Lei n. 9.784/1999 dispõe também que, nos processos administrativos, deve-se indicar os pressupostos de fato e de direito que determinarem a decisão, observar as formalidades essenciais à garantia dos direitos dos administrados e adotar formas simples, suficientes para propiciar adequado grau de certeza, segurança e respeito aos direitos dos administrados. Todos esses critérios convergem para a aceitação de um parecer jurídico referencial, quando presentes os pressupostos justificadores para tanto.

A celeridade, a eficiência e a segurança jurídica são, sem dúvida, os princípios fundamentais que orientam a autorização e a emissão do parecer jurídico referencial.

4.4 PREVISÃO JURÍDICA DO PARECER JURÍDICO REFERENCIAL

A título de exemplo e parâmetro de boa prática, traz-se a Orientação Normativa n. 55/2014 da Advocacia-Geral da União (AGU), a qual autoriza a emissão de parecer referencial, apontando, inclusive, os requisitos para tanto.

> ORIENTAÇÃO NORMATIVA n. 55, DE 23 DE MAIO DE 2014. O ADVOGADO-GERAL DA UNIÃO, no uso das

> atribuições que lhe conferem os incisos I, X, XI e XIII, do art. 4º da Lei Complementar n. 73, de 10 de fevereiro de 1993, considerando o que consta do Processo n. 56377.000011/2009-12, resolve expedir a presente orientação normativa a todos os órgãos jurídicos enumerados nos arts. 2º e 17 da Lei Complementar n. 73, de 1993:
>
> I – Os processos que sejam objeto de manifestação jurídica referencial, isto é, aquela que analisa todas as questões jurídicas que envolvam matérias idênticas e recorrentes, estão dispensados de análise individualizada pelos órgãos consultivos, desde que a área técnica ateste, de forma expressa, que o caso concreto se amolda aos termos da citada manifestação.
>
> II – Para a elaboração de manifestação jurídica referencial devem ser observados os seguintes requisitos: a) o volume de processos em matérias idênticas e recorrentes impactar, justificadamente, a atuação do órgão consultivo ou a celeridade dos serviços administrativos; e b) a atividade jurídica exercida se restringir à verificação do atendimento das exigências legais a partir da simples conferência de documentos.

Além da Advocacia-Geral da União, diversas Procuradorias-Gerais Estaduais[14] preveem a possibilidade de emissão de parecer jurídico referencial visando à otimização, à desburocratização e à segurança jurídica.

4.5 A EXISTÊNCIA DE UM PARECER JURÍDICO REFERENCIAL IMPEDE A (RE)ANÁLISE PELO ÓRGÃO CONSULTIVO?

A existência de um parecer jurídico referencial sobre determinada situação dispensa a análise individualizada dos casos. Contudo, se a área técnica/gestora identificar uma situação que não se amolde ao conteúdo do parecer e, simultaneamente, não seja o caso de indeferimento, é possível e recomendável a solicitação de parecer jurídico.

Ademais, a qualquer tempo, o parecer jurídico referencial poderá ser revisto, caso surjam novas normatizações regulando o caso e/ou suprimindo/modificando as condições inicialmente apreciadas.

14 São exemplos as Procuradorias do Estado do Mato Grosso, do Espírito Santo e do Piauí.

Sob nenhuma ótica, o parecer jurídico referencial representa engessamento da atividade administrativa.

4.6 A EMISSÃO DE PARECER JURÍDICO REFERENCIAL EM MATÉRIA DE LICITAÇÕES E CONTRATOS

A emissão de parecer jurídico referencial em matéria de licitações e contratos exige cuidado do órgão de assessoramento jurídico e dos demais atores envolvidos (área solicitante, comissão de licitação, pregoeiro, ordenador de despesa, fiscal do contrato).

No contexto da Lei n. 8.666/1993, o art. 38, parágrafo único, dispõe que as minutas de editais de licitação, bem como as dos contratos, acordos, convênios ou ajustes, devem ser previamente examinadas e aprovadas por assessoria jurídica da Administração. Como cada minuta de edital e de contrato apresentava características e elementos próprios que os tornavam únicos, a prática administrativa conduzia para a emissão de um parecer jurídico para cada processo de contratação.

Ocorre que, já no contexto da Lei n. 8.666/1993, muitos órgãos e entidades passaram a adotar minutas-padrão de editais e contratos. Como consequência dessa padronização, o uso do parecer referencial passou a ser mais comum.

Para além dessas hipóteses em que há minutas-padrão de edital e contrato, passou-se a adotar pareceres jurídicos referenciais para dispensas, inexigibilidades, renovação, celebração ou aditivo em convênios, análise de pedidos de reajuste, prorrogação de prazo de vigência contratual.

Assim como na Lei n. 8.666/1993, a nova lei de licitações, Lei n. 14.133/2021, não dispôs expressamente sobre a possibilidade de parecer jurídico referencial, o que não quer dizer que esteja vedada. Entretanto, cabe lembrar que as funções do órgão de assessoramento jurídico na nova lei de licitação foram ampliadas, deixando de ser apenas a aprovação de minutas de edital e de contrato (art. 38, parágrafo único, da Lei n. 8.666/1993), passando a exercer o controle prévio de legalidade, com apreciação de todos os elementos indispensáveis à contratação e com exposição dos pressupostos de fato e de direito levados em consideração na análise jurídica, tornando a análise jurídica mais ampla e, na nossa opinião, com menos espaço para pareceres jurídicos referenciais.

Capítulo 5

PARECER JURÍDICO NO PROCESSO DE COMPRAS

5.1 INTRODUÇÃO

A licitação para compras de bens é a licitação mais comum e corriqueira na Administração Pública. De material de expediente, como canetas, papel e pastas, a materiais para o abastecimento de hospitais (luvas, seringas etc.), há uma infinidade de itens que podem ser comprados pela Administração Pública.

No que se refere ao processo de compra, a Lei n. 14.133/2021 inovou em diversos pontos em relação à Lei n. 8.666/1993. Um exemplo de inovação trazida pela lei foi a vedação da aquisição de itens de luxo para suprir as demandas das estruturas da Administração Pública.

Segundo o art. 20 da Lei n. 14.133/2021, os itens de consumo adquiridos para suprir as demandas das estruturas da Administração Pública deverão ser de qualidade comum, não superior à necessária para cumprir as finalidades às quais se destinam, vedada a aquisição de artigos de luxo. A fim de regulamentar o tema, no âmbito do Poder Executivo Federal foi editado o Decreto n. 10.818/2021, estabelecendo critérios para o enquadramento dos bens de consumo adquiridos para suprir as demandas das estruturas da administração pública federal nas categorias de qualidade comum e de luxo.

As regras relativas às compras em geral estão previstas nos arts. 40 a 44 da Lei n. 14.133/2021.

Ao final da fase preparatória, ao analisar um processo de licitação de compras a fim de realizar controle prévio de legalidade mediante análise jurídica da contratação, o parecerista jurídico deve verificar se foram observados os requisitos previstos especialmente nos arts. 40 a 44, entre outros que abordaremos ao longo deste capítulo.

O parecer deve ser fundamentado, com a apreciação de todos os elementos indispensáveis à contratação, refletindo o controle prévio de legalidade, mediante análise jurídica da contratação, sempre tendo como luz norteadora os objetivos insertos no art. 11 da Lei n. 14.133/2021, com destaque para a seleção da proposta apta a gerar o resultado de contratação mais vantajoso para a Administração Pública, bem como o tratamento isonômico entre os licitantes, proporcionando uma justa competição. Destaca-se que a justa competição tem início muito antes da sessão de disputa propriamente dita; afinal, já na publicação do edital, caso contenha cláusulas indevidamente restritivas, pode ficar comprometida a lisura da competição. Lembrando que o TCU, já no pálio da Lei n. 8.666/1993, no Acórdão n. 8.117/2011 da 1ª Câmara, entendeu que a "emissão de parecer, sem a devida fundamentação, que confirme a manutenção de cláusulas restritivas ao caráter competitivo de certame licitatório motiva a aplicação de multa ao parecerista".

Para evitar ou reduzir o espaço e as possibilidades de responsabilização, o parecerista deve verificar todos os elementos indispensáveis à contratação, sustentando os fundamentos do parecer no tripé estruturante, formado pela legislação aplicável ao caso, a jurisprudência sobre o tema e a doutrina divergente e consolidada sobre o assunto, conforme indicado no Capítulo 4 – Elementos do parecer Jurídico.

5.2 CONCEITOS IMPORTANTES RELATIVOS AO PROCESSO LICITATÓRIO DE COMPRAS E FORNECIMENTO DE BENS

Antes de passarmos a indicar os principais pontos a serem analisados e apreciados pelo órgão de assessoramento jurídico quando da emissão do parecer, é preciso trazer alguns conceitos-chave para o processo licitatório de compras e fornecimento.

O primeiro conceito é o de compra, que é a aquisição remunerada de bens para fornecimento de uma só vez ou parceladamente, considerada imediata aquela com prazo de entrega de até 30 (trinta) dias da ordem de fornecimento. Esse conceito se encontra no art. 6º, inciso X, da Lei n. 14.133/2021.

Os bens objeto do processo de licitação de compra podem ser comuns ou especiais.

Bens comuns são aqueles cujos padrões de desempenho e qualidade podem ser objetivamente definidos pelo edital, por meio de especificações usuais de mercado.

Já os bens especiais são aqueles que, por sua alta heterogeneidade[15] ou complexidade, têm padrões de desempenho e qualidade que não podem ser objetivamente definidos pelo edital por meio de especificações usuais de mercado. Ressaltamos que o fato de o bem se caracterizar como especial não dispensa a Administração Pública de descrevê-lo, sob pena de violação ao princípio do julgamento objetivo, do art. 25, *caput*, e do art. 92, inciso I, da Lei n. 14.133/2021.

É importante a distinção, já que a definição de modalidades na Lei n. 14.133/2021, diferentemente do que ocorria na Lei n. 8.666/1993, não se dá a partir do valor estimado da contratação, mas sim em razão do objeto a ser licitado. Esse assunto será aprofundado no item 5.3.9. Escolha da modalidade licitatória.

Ao longo de toda a nossa obra, enfatizamos a ampliação da análise imposta ao parecerista jurídico pela Lei n. 14.133/2021. Ao contrário da Lei n. 8.666/1993, que previa uma análise que se limitava à aprovação de minutas de edital e de contrato, a Lei n. 14.133/2021 exige uma análise de todo o processo de contratação, o que, via de consequência, demanda a análise à luz de outros dispositivos, além dos arts. 40 a 44.

---

15 Segundo Galil (2021, p. 57), "O adjetivo 'alta' para heterogeneidade ou complexidade é de evidente abertura semântica. Há de ser cauteloso para não se afirmar que há discricionariedade. O que é de alta complexidade ou heterogeneidade não é de definição subjetiva pelo administrador, a menos que as circunstâncias fáticas e jurídicas não revelem uma resposta e, tampouco, o consenso social cumpra esse papel. Todavia, entende-se que há, nesse momento, espaço para que o legislador local, em exercício da competência que a Constituição Federal lhe confere, estabeleça suas balizas, cuja validade, obviamente, estará condicionada à realidade de aplicação. Não se pode negar, de fato, que a complexidade ou heterogeneidade assuma no interior do Amazonas um caráter, em zonas de certeza, diferente daquele configurado nas principais cidades do país, como o Rio de Janeiro, Brasília e São Paulo, apenas como exemplo".

5.3 PRINCIPAIS PONTOS A SEREM OBSERVADOS PELO PARECERISTA NA FASE DO PLANEJAMENTO DE COMPRAS

A Lei n. 14.133/2021 conferiu grande importância à fase preparatória, conhecida na égide da Lei n. 8.666/1993 como fase interna. A importância conferida pelo legislador não se resumiu a indicar diretrizes para a realização das compras. O legislador optou por integrar ao texto da lei os requisitos a serem observados pelos agentes que conduziram essa fase do processo. Se está previsto em lei, cabe ao órgão de assessoramento avaliar o cumprimento desses requisitos, exercendo o controle de legalidade, indicado no art. 53. Tais requisitos estão no art. 40.

Em seu *caput*, o art. 40 traz o comando para que a Administração Pública, ao comprar, tenha em vista o seu consumo anual. Trata-se de uma regra que impacta o dimensionamento quantitativo do objeto a ser contratado. Na prática, é uma regra que visa impedir a instauração, ao longo do ano, de diversos processos de compras, para atender, por exemplo, períodos curtos (um trimestre, um semestre). O fracionamento dificulta o controle, representa gasto desnecessário com o próprio procedimento burocrático da licitação e compromete o ganho de economia proveniente das compras em escala. Como se verá adiante, esse comando para observar o consumo anual deve estar em harmonia com outros indicados nos incisos do art. 40.

5.3.1 Condições de aquisição e pagamento semelhantes às do setor privado

O planejamento de compras deverá considerar as condições de aquisição e pagamento semelhantes às do setor privado. Quanto a esse requisito, chamamos a atenção para o fato de que a lei usou a expressão "semelhante", e não "igual".

Quando da emissão do parecer, ao parecerista jurídico não cabe avaliar o mérito das condições de aquisição e pagamento, emitindo juízo de valor sobre se seriam ou não semelhantes às do setor privado. Contudo, por ser responsável pelo controle de legalidade, é preciso que o parecerista verifique se nos documentos de planejamento (estudos técnicos preliminares e/ou termo de referência) foram expostas as condições de aquisição e de pagamento e se há manifestação de que são semelhantes às do setor privado.

Sobre o pagamento antecipado, comum em contratações em âmbito privado e, em regra, vedado nas contratações públicas, remetemos o leitor ao tópico que trata sobre o assunto: 5.7 Considerações sobre a possibilidade de pagamento antecipado.

5.3.2 Processamento por meio de sistema de registro de preços

O registro de preço é um procedimento auxiliar, previsto no art. 74, inciso IV, da Lei n. 14.133/2021. Os arts. 82 a 86 trazem as regras do processamento desse procedimento.

O registro de preço está conceituado no art. 6º da Lei n. 14.133/2021 como o conjunto de procedimentos para realização de registro formal de preços relativos à prestação de serviços, a obras e a aquisição e locação de bens para contratações futuras. O sistema de registro de preços pode ser mediante contratação direta ou licitação nas modalidades pregão ou concorrência.

No contexto da Lei n. 8.666/1993, o sistema de registro de preços (SRP) já era muito utilizado para as compras e serviços. Na Lei n. 14.133/2021, houve uma ampliação das possibilidades de uso desse instituto.

Conforme o art. 40, inciso II, da Lei n. 14.133/2021, o planejamento de compras deverá seguir o processamento por meio de SRP, quando pertinente. Assim, em regra, esse sistema deverá ser adotado e, quando não for pertinente, a área demandante deverá fazer constar no processo administrativo os motivos que embasaram tal consideração.

5.3.3 Determinação do quanto a ser adquirido em função do consumo e do uso

O art. 40, inciso III, da Lei n. 14.133/2021 prescreve que o planejamento de compras deverá determinar as unidades e quantidades a serem adquiridas em função de consumo e utilização prováveis. Essa estimativa será obtida, sempre que possível, mediante adequadas técnicas quantitativas, admitido o fornecimento contínuo.

Sobre o fornecimento contínuo, segundo Justen Filho (2021, p. 530):

> O dispositivo alude à adoção do fornecimento contínuo, que envolve uma compra de execução continuada. Esse modelo contratual é adequado ao atendimento de necessidades

permanentes e renováveis da Administração. O vendedor realiza entregas periódicas, em quantitativos e prazos predeterminados. Isso permite que a Administração obtenha abastecimento proporcional e contemporânea ao consumo.

O fornecimento contínuo reduz o gasto com estoque, custos de manutenção e armazenamento.

O princípio da eficiência e da economicidade devem orientar a definição de quantitativos. Não serão admitidas no planejamento aquisições que extrapolem as demandas da Administração, definidas de modo aleatório, sem critérios para tanto (o processo deve estar instruído com o histórico de consumo e deve ser justificado o incremento).

Além disso, se houver um aumento desproporcional de determinado bem em relação ao exercício anterior, deve ser justificado, demonstrando-se a necessidade daquela aquisição, bem como o que ensejou o aumento.

5.3.4 Adequadas condições de guarda e armazenamento

No inciso IV, o art. 40 aponta a necessidade de observar-se as condições de guarda e armazenamento que não permitam a deterioração do material. Esse comando tem estreita relação com o inciso anterior, especialmente com o fornecimento contínuo.

Muito embora sejam questões técnicas, sobre as quais o parecerista jurídico não deva exprimir opinião jurídica, considerando que há comando legal nesse sentido, deverá observar se a área demandante e/ou técnica se manifestaram a respeito. Na ausência de manifestação ou havendo uma manifestação vaga, é recomendável determinar o saneamento antes de prosseguir com o processo de contratação.

Tais regras têm impacto, inclusive, na gestão e na fiscalização do contrato.

5.3.5 Atendimento a princípios

O último inciso do art. 40 apresenta os princípios que devem ser observados no planejamento das compras. São eles: a) da padronização, considerada a compatibilidade de especificações estéticas, técnicas ou de desempenho; b) do parcelamento, quando for tecnicamente viável e economicamente vantajoso; c) da responsabilidade fiscal, mediante a comparação da despesa estimada com a prevista no orçamento.

O § 2º do art. 40 expõe que, na aplicação do princípio do parcelamento, referente às compras, deverão ser considerados:

> I – a viabilidade da divisão do objeto em lotes;
>
> II – o aproveitamento das peculiaridades do mercado local, com vistas à economicidade, sempre que possível, desde que atendidos os parâmetros de qualidade; e
>
> III – o dever de buscar a ampliação da competição e de evitar a concentração de mercado.

Ainda quanto ao parcelamento, o § 3º traz situações nas quais não será adotado:

> I – a economia de escala, a redução de custos de gestão de contratos ou a maior vantagem na contratação recomendar a compra do item do mesmo fornecedor;
>
> II – o objeto a ser contratado configurar sistema único e integrado e houver a possibilidade de risco ao conjunto do objeto pretendido;
>
> III – o processo de padronização ou de escolha de marca levar a fornecedor exclusivo.

São princípios e comandos cuja aplicabilidade prática deve estar atestada pela área demandante e/ou por aquelas que elaboraram os documentos de planejamento. Isso porque não se trata de matéria que o parecerista jurídico tenha condição técnica de aferir, o que não o dispensa, contudo, de verificar o ateste pela área competente.

Chamamos a atenção para o inciso III do § 3º, pois, caso o processo de padronização ou de escolha da marca leve a fornecedor exclusivo, não será aplicado o parcelamento, bem como faltará o pressuposto lógico da licitação, que é a pluralidade de licitantes que possam disputar o certame[16].

---

16 O art. 74 da Lei n. 14.133/2021 prevê que: "É inexigível a licitação quando inviável a competição, em especial nos casos de: I – aquisição de materiais, de equipamentos ou de gêneros ou contratação de serviços que só possam ser fornecidos por produtor, empresa ou representante comercial exclusivos;".

5.3.6 Elementos e parâmetros legais do termo de referência

O termo de referência é uma peça técnica de grande importância, elaborada durante a fase de preparatória da contratação. Embora seja uma peça de cunho técnico, a lei previu os parâmetros e elementos que deve conter um termo de referência. Via de consequência, o controle prévio de legalidade a ser realizado pelo órgão de assessoramento jurídico, ainda que mediante uma análise estritamente jurídica, passa pela observância do cumprimento desses parâmetros e elementos.

Sobre a necessidade de preenchimento dos requisitos previstos em lei, Justen Filho (2021, p. 175) explica que:

> O inc. XXIII do art. 6º estabelece o elenco de requisitos a serem observados na elaboração do termo de referência. Sob esse ângulo, tal dispositivo destina-se não apenas a definir o significado da expressão, mas também a disciplinar a sua elaboração. Ou seja, não basta a denominação formal adotada pela Administração. Exige-se que o documento preencha os requisitos referidos no dispositivo ora examinado.

Para a contratação de bens e serviços, o termo de referência é uma peça necessária. No art. 6º, inciso XXIII, a Lei n. 14.133/2021 traz os parâmetros e elementos descritivos que devem constar no termo de referência. São eles:

a) definição do objeto, incluídos sua natureza, os quantitativos, o prazo do contrato e, se for o caso, a possibilidade de sua prorrogação;
b) fundamentação da contratação[17], que consiste na referência aos estudos técnicos preliminares correspondentes ou, quando não for possível divulgar esses estudos, no extrato das partes que não contiverem informações sigilosas;

---

[17] Sobre a necessidade de fundamentar a contratação, Barbirato (2021, p. 68) expõe que: "[...] a exigência de fundamentação da contratação não se refere somente à indicação dos pressupostos de direito, ou seja, dos fundamentos jurídicos que sustentam a contratação, com a indicação dos dispositivos legais autorizativos, mas também e com grande relevância para a validade da decisão – a indicação precisa dos pressupostos fáticos que demonstrem a finalidade ou interesse público a ser alcançado com a ação governamental diante de determinado caso concreto".

c) descrição da solução como um todo, considerado todo o ciclo de vida do objeto;
d) requisitos da contratação;
e) modelo de execução do objeto[18,19,] que consiste na definição de como o contrato deverá produzir os resultados pretendidos desde o seu início até o seu encerramento;
f) modelo de gestão do contrato, que descreve como a execução do objeto será acompanhada e fiscalizada[20,21] pelo órgão ou entidade;
g) critérios de medição e de pagamento[22,23];
h) forma e critérios de seleção do fornecedor;
i) estimativas do valor da contratação[24], acompanhadas dos preços unitários referenciais, das memórias de cálculo[25]

---

18 Esse modelo de execução do objeto é uma forma de vincular o contratado na utilização da metodologia de execução definida pela Administração Pública. O modelo de execução é também um guia para o fiscal quando da fiscalização do contrato.

19 Segundo Barbirato (2021, p. 69), a escolha, ainda na etapa de planejamento, do modelo de execução do objeto tem por finalidade precípua que a solução escolhida esteja apta a produzir os melhores resultados possíveis para o Poder Público, acompanhando todo o ciclo do processo de contratação pública, desde sua deflagração até o adimplemento completo das obrigações contratuais.

20 A fiscalização é uma prerrogativa da Administração Pública, prevista no art. 104, inciso III, da Lei n. 14.133/2021.

21 Além de exercer o controle prévio de legalidade, nos termos do art. 53 da Lei n. 14.133/2021, o órgão de assessoramento jurídico também poderá ser demandado na fiscalização do contrato. Conforme o § 3º do art. 117, o fiscal do contrato será auxiliado pelos órgãos de assessoramento jurídico e de controle interno da Administração Pública, que deverão dirimir dúvidas e subsidiá-lo com informações relevantes para prevenir riscos na execução contratual.

22 O dever de observar a ordem cronológica de pagamento está previsto no art. 141 da Lei n. 14.133/2021. O pagamento de fatura com preterição da ordem cronológica de pagamento é crime, previsto no art. 337-H do Código Penal.

23 Em regra, conforme o art. 145 da Lei n. 14.133/2021, não será permitido pagamento antecipado, parcial ou total, relativo a parcelas contratuais vinculadas ao fornecimento de bens.

24 A forma de obtenção do valor estimado da contratação de bens está prevista no art. 23, § 1º, da Lei n. 14.133/2021.

25 Segundo Barbirato (2021, p. 75), "Essa memória de cálculo nada mais é do que um documento que descreve em detalhes os cálculos efetuados até chegar ao

e dos documentos que lhe dão suporte, com os parâmetros26 utilizados para a obtenção dos preços e para os respectivos cálculos, que devem constar de documento separado e classificado[27];

j) adequação orçamentária[28].

Com relação à definição do objeto, vê-se a diferença entre o termo de referência e o estudo técnico preliminar (ETP). No ETP, a Administração Pública discute as diversas soluções disponíveis no mercado e define aquela que melhor atende à demanda. No termo de referência, elaborado posteriormente ao ETP, o objeto já foi definido e haverá a sua indicação, incluídos sua natureza e os quantitativos.

A Lei n. 14.133/2021 não previu elementos do termo de referência apenas no art. 6º, inciso XXIII. O § 1º do art. 40 dispõe que o termo de referência deverá conter os elementos previstos no inciso XXIII do *caput* do art. 6º, além das seguintes informações:

---

resultado final da composição dos custos. Esse documento é de suma importância para que se possa detectar eventuais problemas ou erros de cálculo envolvendo a futura contratação, bem como para possibilitar uma melhor adequação do objeto caso sejam necessárias alterações no planejamento inicial".

[26] A Lei n. 14.133/2021 indicou cinco parâmetros para a definição do valor estimado da contratação de bens. Na contratação de bens, tais parâmetros podem ser adotados de forma combinada ou não.

[27] Destacando a importância da pesquisa de mercado, Barbirato (2021, p. 73) expõe que: "É, sem dúvida, uma das etapas mais importantes da construção do termo de referência e crucial para o sucesso de todo o ciclo da contratação pública. Uma estimativa mal elaborada certamente trará prejuízos para a Administração, seja em razão do preço coletado estar abaixo do valor de mercado, gerando o risco de uma licitação deserta ou fracassada, seja em virtude dos preços coletados estarem acima do valor oferecido pelo mercado, podendo haver a caracterização do sobrepreço, conforme disposto no inciso LXI do art. 6º. É por tal razão que as atenções devem ser redobradas nesta fase por parte do setor de compras do órgão".

[28] O art. 150 da Lei n. 14.133/2021 prevê que nenhuma contratação será feita sem a indicação dos créditos orçamentários para pagamento das parcelas contratuais vincendas no exercício em que for realizada a contratação, sob pena de nulidade do ato e de responsabilização de quem lhe tiver dado causa.

> I – especificação do produto, preferencialmente conforme catálogo eletrônico de padronização[29], observados os requisitos de qualidade, rendimento, compatibilidade, durabilidade e segurança;
>
> II – indicação dos locais de entrega dos produtos e das regras para recebimentos provisório e definitivo, quando for o caso;
>
> III – especificação da garantia exigida e das condições de manutenção e assistência técnica, quando for o caso.

Por fim, desde que com fundamento em estudo técnico preliminar, a Administração Pública poderá exigir que os serviços de manutenção e assistência técnica sejam prestados mediante deslocamento de técnico ou disponibilizados em unidade de prestação de serviços localizada em distância compatível com suas necessidades. Caso o ETP não fundamente essa exigência, o parecerista jurídico deve recomendar a complementação da informação.

São, ao todo, 13 (treze) elementos e parâmetros indicados pela lei que devem constar no termo de referência. Na falta ou insuficiência de algum deles, o parecerista deve recomendar a inclusão ou a complementação.

5.3.7 Indicação, preterição de marca e prova de qualidade de produto similar

A indicação de marca é medida excepcional nas contratações públicas. Num primeiro momento, as licitações devem ser guiadas pela persecução da ampla competitividade[30], devendo buscar atrair o maior

[29] Quando houver incompatibilidade entre o produto previsto no catálogo eletrônico e a necessidade concreta a ser satisfeita, Justen Filho (2021, p. 536) defende que: "Em tal hipótese, não será exigível a observância das especificações constantes no dito catálogo, incumbindo à autoridade justificar a escolha de produto de configuração diversa".

[30] Também vinculando a vedação da indicação de marca ao princípio da competitividade, Maffini (2021, p. 253) explica que: "Tal ordinária vedação decorre, *ultima ratio,* do princípio da competitividade (art. 5º da NLLC), segundo o qual restam interditados quais atos que possam comprometer, restringir ou frustrar o caráter competitivo em sede de processos licitatórios (*v.g.*, art. 9º, I, *a*, da NLLC)".

número de fornecedores e também de produtos que possam atender à demanda da Administração Pública. Ao longo do processo, seja por meio da definição das especificações técnicas, seja por meio da definição dos requisitos habilitatórios, procede-se ao afunilamento que, ao final, culminará na adjudicação do objeto ao licitante vencedor.

A indicação de marca só é cabível nas licitações que envolvam o fornecimento de bens e exige justificativa formal. Segundo o art. 41, inciso I, da Lei n. 14.133/2021, é possível a indicação de uma ou mais marcas ou modelos nas seguintes hipóteses[31]:

> a) em decorrência da necessidade de padronização do objeto;
>
> b) em decorrência da necessidade de manter a compatibilidade com plataformas e padrões já adotados pela Administração;
>
> c) quando determinada marca ou modelo comercializados por mais de um fornecedor forem os únicos capazes de atender às necessidades do contratante;
>
> d) quando a descrição do objeto a ser licitado puder ser mais bem compreendida pela identificação de determinada marca ou determinado modelo aptos a servir apenas como referência.

Quando da realização do controle prévio de legalidade, havendo a indicação de determinada marca no processo de contratação sob análise, o órgão de assessoramento jurídico deverá observar se houve o enquadramento em uma das hipóteses legais, bem como se a área técnica demandante apresentou a justificativa para tanto. Ressalta-se que não cabe ao parecerista manifestar-se sobre os aspectos técnicos da justificativa, mas sim se houve o cumprimento dos requisitos legais.

É preciso ter em vista que a indicação de marca, por si só, restringe o caráter competitivo do certame, razão pela qual merece cuidado e atenção quando da sua análise, sempre observando se foram cumpridos os requisitos legais, incluindo as justificativas quando exigidas, a fim de afastar qualquer possibilidade de cometimento de crime[32].

---

31 Trata-se de um rol taxativo.

32 Por exemplo, contratação direta ilegal (Art. 337-E. Admitir, possibilitar ou dar causa à contratação direta fora das hipóteses previstas em lei) e frustração do caráter competitivo de licitação (Art. 337-F. Frustrar ou fraudar, com o intuito

Quando o edital previr a possibilidade de aquisição de produto similar ao da marca indicada, será admitida a prova de qualidade do produto apresentado, nos termos do art. 42, que poderá ocorrer por qualquer um dos seguintes meios:

> I – comprovação de que o produto está de acordo com as normas técnicas determinadas pelos órgãos oficiais competentes, pela Associação Brasileira de Normas Técnicas (ABNT) ou por outra entidade credenciada pelo Inmetro;
>
> II – declaração de atendimento satisfatório emitida por outro órgão ou entidade de nível federativo equivalente ou superior que tenha adquirido o produto;
>
> III – certificação, certificado, laudo laboratorial ou documento similar que possibilite a aferição da qualidade e da conformidade do produto ou do processo de fabricação, inclusive sob o aspecto ambiental, emitido por instituição oficial competente ou por entidade credenciada.

Em um plano oposto, pode a Administração Pública vedar a contração de determinada marca ou produto. Tal hipótese se encontra no art. 41, inciso III, da Lei n. 14.133/2021 e exige a instauração de processo administrativo, no qual reste comprovado que produtos adquiridos e utilizados anteriormente pela Administração não atendem a requisitos indispensáveis ao pleno adimplemento da obrigação contratual.

Assim, caso se depare com a proibição no edital de fornecimento de bem de determinada marca, o parecerista jurídico deve verificar se há indicação do processo administrativo no qual restou comprovado que não atende a requisitos indispensáveis ao pleno adimplemento da obrigação contratual.

5.3.8 Exigência de amostra

O art. 17, § 3º, da Lei n. 14.133/2021 dispõe que, desde que previsto no edital, na fase de julgamento a Administração Pública poderá, em relação ao licitante provisoriamente vencedor, realizar análise

de obter para si ou para outrem vantagem decorrente da adjudicação do objeto da licitação, o caráter competitivo do processo licitatório).

e avaliação da conformidade da proposta, mediante homologação de amostras, exame de conformidade e prova de conceito, entre outros testes de interesse da Administração, de modo a comprovar sua aderência às especificações definidas no termo de referência ou no projeto básico.

Ao analisar o processo de contratação, caso o órgão de assessoramento jurídico se depare com a exigência de amostra, deverá observar se há previsão na minuta de edital, bem como se o momento de exigência da amostra está de acordo com o previsto no art. 42, § 2º, da Lei n. 14.133/2021. Tal exigência poderá ocorrer em dois momentos: a) na fase de julgamento das propostas, hipótese em que será feita apenas ao licitante provisoriamente vencedor; b) após o julgamento, como uma condição para firmar o contrato.

Além disso, deverá ser observado se há justificativa para a exigência da amostra, já que se trata de uma exigência legal, conforme o art. 41, inciso II, da Lei n. 14.133/2021.

Caso opte pelo exame da amostra por instituição com reputação ético-profissional na especialidade do objeto, a Administração deverá indicá-la previamente no edital.

É preciso ter em vista que a exigência de amostra é medida que, em sua essência, é restritiva da competitividade, porém não deve ser usada com esse fim. O objetivo dessa exigência é a comprovação da aderência às especificações definidas no termo de referência ou no projeto básico. Nesse sentido, Torres (2021, p. 236) afirma que: "A exigência de amostra não deve ser utilizada como elemento de restrição da competitividade, mas apenas como instrumento de aferição da qualidade necessária ao objeto contratual pretendido".

5.3.9 Escolha da modalidade licitatória

No contexto da Lei n. 8.666/1993, a escolha da modalidade licitatória ganhava um relevo maior, diante das particularidades do rito procedimental de cada uma das modalidades.

Na Lei n. 14.133/2021, além da eliminação da tomada de preço e do convite, houve, conforme o *caput* do art. 29, uma aproximação entre as modalidades concorrência e pregão (é corriqueiro ouvir em palestras e cursos de licitações que a concorrência passou por um processo de *apregoamento*). Ambas seguem o rito procedimental comum do art. 17, que prevê uma sequência de fases:

1ª) Fase preparatória: na qual há planejamento da contratação, realização dos estudos técnicos preliminares, elaboração do termo de referência, da minuta de edital e de contrato, encerrando-se com o controle de legalidade pelo órgão de assessoramento jurídico.
2ª) Fase da divulgação do edital de licitação: publicação no Portal Nacional de Contratações Públicas (PNCP), Diário Oficial e jornal diário de grande circulação.
3ª) Fase de apresentação de propostas e lances.
4ª) Fase de julgamento.
5ª) Fase de habilitação: aferição das condições de cada licitante de firmar o contrato e suportar os seus efeitos.
6ª) Fase recursal.
7ª) Fase de homologação.

Sobre essa identidade procedimental do pregão e da concorrência, Oliveira (2022, p. 365) bem explica que:

> O ponto é que, de fato, existe diferenciação no rito das modalidades em geral (concurso, leilão, diálogo competitivo e concorrência/pregão), a exceção da concorrência e do pregão, que, nos termos do art. 29 em comento, passam a ter um procedimento idêntico.
>
> Em nossa avaliação, essa confusão identitária entre essas duas modalidades acaba por gerar uma certa complexidade da compreensão do sistema implantado pela Lei n. 14.133/2021, na medida em que temos modalidades com denominações diferentes, mas com o mesmo rito.

Ao analisar a modalidade escolhida para a realização da licitação, o órgão de assessoramento jurídico não poderá manifestar-se sobre os aspectos técnicos levados em consideração pela área técnica quando de sua escolha.

Contudo, no controle de legalidade, o órgão de assessoramento jurídico deverá observar o respeito das particularidades e exigências legais de cada modalidade, bem como o correto enquadramento a partir das informações prestadas pela área técnica demandante[33].

[33] Nesse sentido, há a Orientação Normativa n. 54/2014 da AGU, segundo a qual "compete ao agente ou setor técnico da administração declarar que o objeto

5.3.9.1 Pregão

O art. 29 da Lei n. 14.133/2021 dispõe que será adotado o pregão sempre que o objeto possuir padrões de desempenho e qualidade que possam ser objetivamente definidos pelo edital, por meio de especificações usuais de mercado. Como vimos anteriormente, o objeto da licitação que possui padrões de desempenho e qualidade que possa ser objetivamente definido pelo edital, por meio de especificações usuais de mercado, é o bem e o serviço comum.

Conforme definição do art. 6º, o pregão é a modalidade de licitação obrigatória para aquisição de bens e serviços comuns. Na modalidade pregão, é possível utilizar dois critérios de julgamento: o de menor preço ou o de maior desconto.

Portanto, caso o pregão tenha sido a modalidade licitatória escolhida, o parecerista jurídico deverá observar se foram atendidos os requisitos mencionados: enquadramento como bem comum e julgamento por menor preços e maior desconto.

5.3.9.2 Concorrência

Segundo o art. 6º, XXXVIII, a concorrência é a modalidade destinada para a contratação de: a) bens e serviços especiais; b) obras e serviços comuns e especiais de engenharia.

Nos processos licitatórios de compras cuja modalidade for a concorrência, podem ser utilizados os seguintes critérios de julgamento: a) menor preço; b) técnica e preço; e c) maior desconto.

Diante dessas considerações, vê-se, portanto, uma aproximação das modalidades pregão e concorrência. O que as diferencia é o objeto e os critérios de julgamento.

Além do pregão e da concorrência, também é possível adotar a modalidade diálogo competitivo para a contratação de compras, conforme o art. 6º, XLII.

---

licitatório é de natureza comum para efeito de utilização da modalidade pregão e definir se o objeto corresponde a obra ou serviço de engenharia, sendo atribuição do órgão jurídico analisar o devido enquadramento da modalidade licitatória aplicável".

5.3.9.3 *Diálogo competitivo*

O diálogo competitivo foi uma nova modalidade inserida pela Lei n. 14.133/2021, inspirada na Diretiva n. 24/2014 da União Europeia e no Código de Contratação Português.

Ao contrário do pregão e da concorrência, a modalidade diálogo competitivo é de aplicação restrita. Assim, caso a área técnica demandante opte por realizar licitação por meio dessa modalidade, o parecerista jurídico deve verificar se o processo foi devidamente instruído, com a indicação pela área demandante da hipótese legal (art. 32, inciso I ou II, da Lei n. 14.133/2021) e das justificativas que embasaram a escolha.

Ressalta-se sempre que o parecerista atua mediante uma análise jurídica da contratação, e não uma análise técnica. Contudo, o controle de legalidade do processo de contratação, no bojo do qual se realiza a análise jurídica, passa pela verificação do atendimento de exigências técnicas previstas em lei.

Apesar de ser restrita e das dificuldades práticas[34] do processamento da modalidade diálogo competitivo, conforme Mello, Zockun e Zockun (2021, p. 201):

> Essa modalidade possibilita à Administração adquirir conhecimento e debater diversas práticas, técnicas e metodologias inovadoras, visando a encontrar uma solução customizada para suas demandas.
>
> Dessa forma, a Administração Pública tem maiores chances de obter a solução que mais adequadamente se amolda aos seus interesses, pois os participantes tentarão expor o seu melhor plano dentro do cenário apresentado.

---

[34] Os autores Mello, Zockun e Zockun (2021, p. 201) condenam a modalidade do diálogo competitivo ao expor que: "A solução da lei é exótica e, ao que parece, sentenciará o insucesso dessa modalidade licitatória. Por quê? Presume-se que os licitantes pré-selecionados empreenderão esforço e capital para edificar uma solução capaz de tutelar o interesse público delimitado no edital. Esse labor é olimpicamente ignorado pela lei, que não prevê qualquer espécie de contrapartida ao licitante que concebeu a 'solução' vencedora, a exemplo do previsto no PMI (art. 81, § 1º)".

A modalidade do diálogo competitivo não é, portanto, a regra. Conforme o art. 32, essa modalidade é restrita a contratações em que a Administração: a) sabe qual objeto pretende contratar, porém se trata de um objeto com condições específicas (alíneas *a*, *b* e *c* do inciso I do art. 32); b) conhece a demanda que que precisa satisfazer, porém ainda necessita definir e identificar os meios e as alternativas para tanto (os aspectos estão exemplificados no inciso II do art. 32).

Ao analisar o processo de licitação que se processará pela modalidade do diálogo competitivo, o parecerista jurídico deve ter em conta que haverá duas fases distintas, regidas por editais distintos: a fase do diálogo; e a fase competitiva para a contratação da solução, definida na fase de diálogo, que atenda às necessidades da Administração Pública.

No primeiro edital, o parecerista jurídico deve observar se a Administração Pública apresentou suas necessidades e as exigências já definidas, bem como indicar que deve ser observado o prazo mínimo de 25 (vinte e cinco) dias úteis para manifestação de interesse na participação da licitação. O edital deverá prever também os critérios para pré-seleção dos licitantes.

É recomendável que o parecerista advirta em seu parecer que a divulgação de informações de modo discriminatório que possa implicar vantagem para algum licitante será vedada, conforme o art. 32, § 1º, inciso III, da Lei n. 14.133/2021, podendo até mesmo configurar o crime de frustração do caráter competitivo de licitação ou perturbação de processo licitatório, previstos, respectivamente, nos arts. 337-F e 337-I do Código Penal.

Outra advertência recomendável, conforme o art. 32, § 1º, inciso IV, da Lei n. 14.133/2021, é a de que não se deve revelar a outros licitantes as soluções propostas ou as informações sigilosas comunicadas por um licitante sem o seu consentimento. Nesse caso, também se pode configurar o crime de perturbação do processo licitatório.

O edital deve prever que as reuniões com os licitantes pré-selecionados serão registradas em ata e gravadas, mediante utilização de recursos tecnológicos de áudio e vídeo (art. 32, § 1º, inciso VI, da Lei n. 14.133/2021).

O parecer jurídico deve ressaltar ainda a necessidade de a Administração Pública fundamentar a decisão que encerrará a fase do diálogo, a qual identificará a solução ou as soluções que atendam às suas necessidades.

Cabe ressaltar que, na modalidade de diálogo competitivo, haverá duas minutas de editais a serem analisadas pelo parecerista jurídico. É interessante que a lei não dispõe se as duas minutas devem ser apresentadas conjuntamente ou se a minuta da fase competitiva somente será elaborada após a fase de diálogo. Entendemos que as duas minutas devem ser apresentadas simultaneamente.

Após o encerramento da fase de diálogo, procede-se aos ajustes necessários na minuta da fase competitiva (especificação da solução, critérios objetivos a serem utilizados para seleção da proposta mais vantajosa, prazo mínimo entre a divulgação do edital e o recebimento das propostas).

Ao analisar a minuta de edital da fase competitiva, o parecerista jurídico deve observar que, nesse caso, o prazo mínimo entre a divulgação do edital e o recebimento das propostas é de 60 (sessenta) dias úteis. A minuta do edital deve conter a possibilidade de a Administração solicitar esclarecimentos ou ajustes às propostas apresentadas, desde que isso não implique discriminação nem distorça a concorrência entre as propostas.

Por fim, o parecerista jurídico deve chamar a atenção para a necessidade de o diálogo competitivo ser conduzido por comissão de contratação composta de pelo menos 3 (três) servidores efetivos ou empregados públicos pertencentes aos quadros permanentes da Administração, admitida a contratação de profissionais para assessoramento técnico da comissão. Tais profissionais contratados deverão assinar termo de confidencialidade e se absterão de atividades que possam configurar conflito de interesses.

5.3.10 Orçamento estimado

Devido a sua importância no processo de contratação, o orçamento estimado da contratação é um tema que recebeu especial atenção do legislador.

O art. 23 da Lei n. 14.133/2021 dispõe que o valor previamente estimado da contratação deverá ser compatível com os valores praticados pelo mercado. Essa compatibilidade traz consequências de diversas ordens. Um valor estimado que seja muito aquém daquele praticado no mercado pode gerar uma licitação deserta. Um valor estimado com valor superior ao praticado no mercado pode configurar sobrepreço.

O art. 23 dispõe ainda que devem ser considerados os preços constantes de bancos de dados públicos e as quantidades a serem contratadas, observadas a potencial economia de escala e as peculiaridades do local de execução do objeto.

Os bancos de dados públicos são um bom ponto de partida para a construção do orçamento estimado, já que neles, em tese, já estão embutidos os custos transacionais típicos de contratações com a Administração Pública, inexistentes nas aquisições por particulares.

O valor estimado da contratação de bens está esmiuçado no § 1º do art. 23. Houve um engessamento legal do método para se obter o valor estimado da contratação. E "o fato de a lei não permitir outros métodos, mesmo se apresentada robusta justificativa, já demonstra que o gestor não poderá se orientar pela técnica, mas somente seguir à risca os ditames da lei" (ZOCKUN, 2022, p. 424).

Via de consequência, cabe ao parecerista, no exercício do controle de legalidade sobre o processo de contratação, verificar se foram obedecidos os parâmetros expostos no art. 23, § 1º, adotados de forma combinada ou não:

> I – composição de custos unitários menores ou iguais à mediana do item correspondente no painel para consulta de preços ou no banco de preços em saúde disponíveis no Portal Nacional de Contratações Públicas (PNCP);
>
> II – contratações similares feitas pela Administração Pública, em execução ou concluídas no período de 1 (um) ano anterior à data da pesquisa de preços, inclusive mediante sistema de registro de preços, observado o índice de atualização de preços correspondente;
>
> III – utilização de dados de pesquisa publicada em mídia especializada, de tabela de referência formalmente aprovada pelo Poder Executivo federal e de sítios eletrônicos especializados ou de domínio amplo, desde que contenham a data e hora de acesso;
>
> IV – pesquisa direta com no mínimo 3 (três) fornecedores, mediante solicitação formal de cotação, desde que seja apresentada justificativa da escolha desses fornecedores e que não tenham sido obtidos os orçamentos com mais de 6 (seis) meses de antecedência da data de divulgação do edital;
>
> V – pesquisa na base nacional de notas fiscais eletrônicas, na forma de regulamento.

É preciso destacar que o § 1º faz remissão ao regulamento. Então, é preciso que o parecerista verifique se há regulamento aprovado e, em havendo, se foram respeitadas as regras nele expostas.

Por fim, o § 3º do art. 23 autoriza que, nas contratações realizadas por Municípios, Estados e pelo Distrito Federal, desde que não envolvam recursos da União, o valor previamente estimado da contratação seja definido por meio da utilização de outros sistemas de custos adotados pelo respectivo ente federativo. Se envolver recursos da União, como em licitações ocorridas no bojo de convênios e contratos de repasse, não haverá espaço para a utilização de outros sistemas de custos adotados pelo respectivo ente federativo.

Muito importante destacar que o parecerista jurídico não deve manifestar ou atestar a compatibilidade do valor estimado com o praticado pelo mercado, ainda que tenha conhecimento do objeto a ser contratado, pois lhe falta competência legal para assim proceder. Cabe ao parecerista, frise-se, a análise jurídica, que consiste na verificação do respeito aos parâmetros legais.

5.4 PRINCIPAIS PONTOS A SEREM OBSERVADOS PELO PARECERISTA NA MINUTA DE EDITAL

No contexto da Lei n. 8.666/1993, a análise e a aprovação da minuta do edital e do contrato era a essência da manifestação jurídica, que se consubstanciava por meio de um parecer. No novo marco legal trazido pela Lei n. 14.133/2021, a minuta de edital e de contrato é apenas uma parte do que será objeto de análise pelo órgão de assessoramento jurídico.

Isso porque, conforme defendemos ao longo desta obra, quando o art. 53 reserva ao órgão de assessoramento jurídico a atribuição de realizar o controle prévio de legalidade mediante uma análise jurídica da contratação, o parecerista deve analisar todo o processo, verificando se foram atendidos os requisitos legais do estudo técnico preliminar, do termo de referência, da pesquisa de preços e, no caso das compras, as disposições setoriais indicadas nos arts. 40 a 44 da Lei n. 14.133/2021.

Então, considerando que o edital é a consolidação das regras definidas ao longo do processo de contratação e que o contrato é o reflexo delas, caberá ao parecerista verificar a unificação dessas regras no instrumento de seleção do licitante e de contratação.

Segundo o art. 25 da Lei n. 14.133/2021, o edital deverá conter:

1) o objeto da licitação e as regras relativas à convocação;
2) regras de julgamento;
3) requisitos de habilitação;
4) regras relativas aos recursos e às penalidades da licitação;
5) como será a fiscalização e a gestão do contrato;
6) regras de entrega do objeto;
7) as condições de pagamento.

Assim como no contrato, o § 7º do art. 25 da Lei n. 14.133/2021 determinou que, independentemente do prazo de duração do contrato, será obrigatória a previsão no edital de índice de reajustamento de preço, com data-base vinculada à data do orçamento estimado e com a possibilidade de ser estabelecido mais de um índice específico ou setorial, em conformidade com a realidade de mercado dos respectivos insumos.

Os §§ 2º e 9º do art. 25 trazem disposições específicas que, à primeira vista, restringem a competitividade do certame.

O § 2º dispõe que, desde que não sejam causados prejuízos à competitividade do processo licitatório e à eficiência do respectivo contrato e conforme demonstrado em estudo técnico preliminar, o edital poderá prever a utilização de mão de obra, materiais, tecnologias e matérias-primas existentes no local da execução, conservação e operação do bem, serviço ou obra. É comum que tal dispositivo tenha aplicabilidade na contratação de obras, porém nada impede que conste também em processo de compras.

O § 9º do art. 25, por sua vez, dispõe que o edital poderá, na forma disposta em regulamento, exigir que percentual mínimo da mão de obra responsável pela execução do objeto da contratação seja constituído por mulheres vítimas de violência doméstica e por oriundos ou egressos do sistema prisional. Ao parecerista cabe observar se foram respeitadas as regras dispostas em regulamento do ente contratante. Tal matéria exige regulamentação.

É importante que o parecerista analise com cuidado as regras que limitem indevidamente o número de competidores e, sem fundamentação, restrinjam a competitividade. Toda limitação à competitividade deve estar fundamentada no atendimento da necessidade da Administração, bem como à delimitação do objeto que atenda a essa necessidade.

5.4.1 Estabelecimento de margem de preferência

A Lei n. 8.666/1993 indicava como um dos seus objetivos a seleção da proposta mais vantajosa. Na Lei n. 14.133/2021, houve uma modificação no texto para indicar como objetivo a seleção da proposta apta a gerar o resultado de contratação mais vantajoso. Essa sutil diferença traz consequências de ordem prática e também interpretativa.

Comparando-se as redações do objetivo "vantajosidade", pode-se afirmar que a redação da Lei n. 14.133/2021 está mais em harmonia com a previsão da margem de preferência, muito embora na Lei n. 8.666/1993 já houvesse essa previsão.

O art. 26 da Lei n. 14.133/2021 traz a possibilidade de a Administração Pública estabelecer margem de preferência, que é a possibilidade de contratar determinados bens, dentro de determinada margem percentual de preferência, ainda que o valor da proposta seja maior do que o da proposta vencedora[35].

Conforme o art. 26, poderá ser estabelecida margem de preferência para:

a) bens manufaturados e serviços nacionais que atendam a normas técnicas brasileiras;
b) bens reciclados, recicláveis ou biodegradáveis, conforme regulamento.

Cabe desde já ressaltar que a definição de margem de preferência não é medida obrigatória, cabendo ao gestor público, caso a caso, definir pela adoção ou não do instituto.

Sobre a necessidade de regulamentação[36], Justen Filho (2021, p. 426) explica que:

---

[35] Marçal Justen Filho (2021, p. 427) explica: "Um exemplo permite compreender melhor a questão. Suponha-se que a margem de preferência seja fixada em 25%. Imagine-se que a melhor proposta não preencha os requisitos para o benefício e tenha o valor de 10. Aplicando-se o percentual de 25%, resultará que a margem de preferência será de 12,50 (10 mais 25%). Se existir uma proposta que preencha os requisitos para a preferência em valor inferior a 12,50 será ela considerada como vencedora".

[36] Sobre a regulamentação da Lei n. 14.133/2021, acompanhe em: https://www.gov.br/compras/pt-br/nllc. Acesso em: 31 out. 2022.

> O art. 26 veiculou normas gerais sobre licitação e a sua regulamentação incumbe ao Poder Executivo federal. Assim se passa porque se trata de promover a realização de interesses de cunho nacional, em face de fornecedores de produtos e serviços não nacionais. No entanto, a competência da União também decorre da circunstância de que a aplicação do art. 26 também dá oportunidade a discriminações entre brasileiros.

No processo de compras, ao realizar a análise jurídica da contratação, caso o parecerista jurídico depare-se com a indicação da margem de preferência, deverá verificar se foram atendidos os requisitos do art. 26, se a área técnica se manifestou sobre o enquadramento dos bens que se pretende contratar nos incisos do *caput* do art. 26, se foram respeitados os requisitos dos parágrafos do art. 26, além de consultar a regulamentação federal sobre o tema.

5.5 PRINCIPAIS PONTOS A SEREM OBSERVADOS PELO PARECERISTA NA MINUTA DE CONTRATO

O art. 89 da Lei n. 14.133/2021 reza que os contratos regidos por essa lei serão regulados pelas suas cláusulas e pelos preceitos de direito público. Assim, ainda que se trate de um contrato, cujas cláusulas encontram previsão legal, não é possível celebrar um contrato genérico, que simplesmente remeta à lei, sem o cuidado de definir um regramento específico para aquilo que se está contratando.

Sobre os preceitos de direito público, em essência, estão presentes nas prerrogativas da Administração, também denominadas de cláusulas exorbitantes. Nesse sentido, o *caput* é complementado pelo § 2º do art. 89, que prevê que os contratos deverão estabelecer com clareza e precisão as condições para sua execução, expressas em cláusulas que definam os direitos, as obrigações e as responsabilidades das partes. As cláusulas do contrato devem estar em conformidade com os termos do edital de licitação e os da proposta vencedora (ou da próxima convocada) ou com os termos do ato que autorizou a contratação direta e os da respectiva proposta.

Além disso, o art. 89 determina ainda que aos contratos serão aplicados, supletivamente, os princípios da teoria geral dos contratos e as disposições de direito privado. A aplicação supletiva dos princípios da teoria geral dos contratos e das disposições de direito privado tem espaço diante de situação em que os preceitos de direito públicos e as cláusulas contratuais sejam insuficientes para reger determinada situação.

É pertinente lembrar que é nulo e de nenhum efeito o contrato verbal com a Administração, salvo o de pequenas compras de pronto-pagamento, assim entendidas aquelas de valor não superior a R$ 10.000,00 (dez mil reais), atualizado pelo Decreto n. 10.922/2021 para R$ 10.804,08 (dez mil, oitocentos e quatro reais e oito centavos).

As cláusulas necessárias dos contratos administrativos estão previstas no art. 92 da Lei n. 14.133/2021 e, para os contratos de compras, serão:

1) o objeto e seus elementos característicos;
2) a vinculação ao edital de licitação e à proposta do licitante vencedor ou ao ato que tiver autorizado a contratação direta e à respectiva proposta (cabe lembrar que, conforme o art. 90, é possível que o contrato seja celebrado não com o licitante vencedor, mas com o próximo convocado, na hipótese de o licitante vencedor não atender à convocação da Administração Pública contratante);
3) a legislação aplicável à execução do contrato, inclusive quanto aos casos omissos;
4) a forma de fornecimento (se parcelado ou não);
5) o preço e as condições de pagamento, os critérios, a data-base e a periodicidade do reajustamento de preços e os critérios de atualização monetária entre a data do adimplemento das obrigações e a do efetivo pagamento;
6) o prazo para liquidação e para pagamento;
7) os prazos de início das etapas de execução, conclusão, entrega, observação e recebimento definitivo, quando for o caso;
8) o crédito pelo qual correrá a despesa, com a indicação da classificação funcional programática e da categoria econômica;
9) a matriz de risco[37], quando for o caso;
10) o prazo para resposta ao pedido de restabelecimento do equilíbrio econômico-financeiro, quando for o caso;

[37] Conforme o art. 22, § 3º, da Lei n. 14.133/2021, o edital obrigatoriamente contemplará matriz de alocação de riscos entre o contratante e o contratado quando a contratação se referir a obras e serviços de grande vulto ou forem adotados os regimes de contratação integrada e semi-integrada.

11) as garantias oferecidas para assegurar sua plena execução, quando exigidas, inclusive as que forem oferecidas pelo contratado no caso de antecipação de valores a título de pagamento;
12) o prazo de garantia mínima do objeto, observados os prazos mínimos estabelecidos na Lei n. 14.133/2021 e nas normas técnicas aplicáveis, e as condições de manutenção e assistência técnica, quando for o caso;
13) os direitos e as responsabilidades das partes, as penalidades cabíveis e os valores das multas38 e suas bases de cálculo;
14) as condições de importação e a data e a taxa de câmbio para conversão, quando for o caso;
15) a obrigação do contratado de manter, durante toda a execução do contrato, em compatibilidade com as obrigações por ele assumidas, todas as condições exigidas para a habilitação na licitação, ou para a qualificação, na contratação direta;
16) a obrigação do contratado de cumprir as exigências de reserva de cargos prevista em lei, bem como em outras normas específicas, para pessoa com deficiência, para reabilitado da Previdência Social e para aprendiz;
17) o modelo de gestão do contrato, observados os requisitos definidos em regulamento;
18) os casos de extinção.

Nos termos do § 2º do art. 92, de acordo com as peculiaridades do objeto e de seu regime de execução, o contrato conterá cláusula que preveja período antecedente à expedição da ordem de serviço para verificação de pendências, liberação de áreas ou adoção de outras providências cabíveis para a regularidade do início de sua execução. Um exemplo seria a necessidade de averiguar se o depósito onde serão armazenados os itens comprados está desocupado ou se as instalações necessárias para o recebimento do objeto foram concluídas.

Chamamos a atenção para o teor do § 3º do art. 92, que dispõe que, independentemente do prazo de duração, o contrato deverá conter cláusula que estabeleça o índice de reajustamento de preço, com data-base vinculada à data do orçamento estimado, e que poderá ser estabelecido mais de um índice específico ou setorial, em conformidade com

[38] A minuta do contrato deve prever a metodologia para o cálculo da multa.

a realidade de mercado dos respectivos insumos. Isso porque é muito comum na prática administrativa não incluir, nos contratos com prazo inferior a 1 (um) ano, as regras para reajustamento. O reajustamento tem como objetivo recompor as perdas do valor da moeda e é formalizado por meio de apostilamento, e não de aditivo. Em regra, o reajustamento, por ser a mera aplicação do índice, não exige a emissão de parecer jurídico, já que a sua concessão nada mais é que o cumprimento de uma cláusula do contrato.

Por fim, chamamos a atenção também para a necessidade de o contrato indicar as regras de divulgação no PNCP, condição indispensável para a eficácia do contrato e de seus aditamentos, prevista no art. 94.

Conforme o art. 95, o instrumento de contrato é obrigatório. Essa é a regra. O próprio art. 95 traz as exceções em que a Administração poderá substituir o instrumento de contrato por outro instrumento hábil. Os exemplos de instrumento hábil trazidos pela lei e aplicáveis às compras são: carta-contrato, nota de empenho de despesa, autorização de compra. As exceções caberão:

a) na dispensa de licitação em razão de valor;
b) nas compras com entrega imediata e integral dos bens adquiridos e dos quais não resultem obrigações futuras, inclusive quanto a assistência técnica, independentemente de seu valor.

5.6 CONDIÇÕES PARA O RECEBIMENTO DO OBJETO

Em se tratando de compras, as condições para o recebimento do objeto estão previstas no art. 140, inciso II, da Lei n. 14.133/2021.

O objeto será recebido provisoriamente e definitivamente. Em se tratando de compras, será recebido provisoriamente, de forma sumária, pelo responsável por seu acompanhamento e fiscalização, com verificação posterior da conformidade do material com as exigências contratuais. E, definitivamente, por servidor ou comissão designada pela autoridade competente, mediante termo detalhado que comprove o atendimento das exigências contratuais.

Conforme o § 3º do art. 140, os prazos e os métodos para a realização dos recebimentos provisório e definitivo serão definidos em regulamento ou no contrato. Então, caso não haja regulamento, é preciso que o parecerista observe se tais regras foram inseridas no contrato, a fim de orientar tanto a Administração Pública contratante (especificamente, o fiscal do contrato) quanto a empresa contratada.

5.7 CONSIDERAÇÕES SOBRE A POSSIBILIDADE DE PAGAMENTO ANTECIPADO

Embora o art. 40, inciso I, da Lei n. 14.133/2021 determine que o planejamento de compras deve observar as condições de aquisição e pagamento semelhantes às do setor privado, algumas vedações típicas das contratações públicas ainda impedem a adoção dessas condições do setor privado. Ressalte-se que a lei usa a expressão "semelhante", que é, obviamente, diferente de "igual".

Uma dessas vedações típicas é aquela que impede o pagamento antecipado. Em regra, conforme o art. 145 da Lei n. 14.133/2021, não é permitido o pagamento antecipado, parcial ou total, relativo a parcelas contratuais vinculadas ao fornecimento de bens, à execução de obras ou à prestação de serviços.

As duas exceções para a vedação do pagamento antecipado são: a) quando a antecipação de pagamento propiciar sensível economia de recursos; ou b) quando a antecipação de pagamento representar condição indispensável para a obtenção do bem ou para a prestação do serviço.

Em qualquer caso, deverá ser previamente justificada no processo licitatório e expressamente prevista no edital de licitação ou instrumento formal de contratação direta. Então, caso o edital ou o instrumento formal de contratação direta preveja a possibilidade de pagamento antecipado, o parecerista deve verificar se há justificativa para tanto no processo licitatório.

Caso o parecerista seja instado a se manifestar sobre a possibilidade de pagamento antecipado após a assinatura do termo de contrato, deverá verificar se há tal autorização no edital ou instrumento formal de contratação direta.

Como forma de garantia da execução do objeto contratado, a Administração poderá exigir a prestação de garantia adicional como condição para o pagamento antecipado. E, caso o objeto não seja executado no prazo contratual, o valor antecipado deverá ser devolvido.

A vedação ao pagamento antecipado tem estreita ligação com as três fases da despesa pública, previstas na Lei n. 4.320/1964, quais sejam: empenho, liquidação e pagamento.

Capítulo 6

PARECER JURÍDICO NOS PROCESSOS DE CONTRATAÇÃO DE OBRAS E SERVIÇOS DE ENGENHARIA

6.1 INTRODUÇÃO

Na contratação de obras e serviços de engenharia, a fase interna ou de planejamento começa com o levantamento de necessidades locais de infraestrutura. Nessa etapa, analisam-se as demandas das áreas prioritárias - saúde, educação, segurança pública, transporte, além de demandas estruturais, como sede de órgãos públicos –, a fim de se definir quais serão contempladas e atendidas. Essa fase tem um viés político que sobrepuja o técnico. Isso porque a Ciência Econômica nos ensina que os recursos são finitos e as demandas são infinitas; então, o viés político se dá na própria escolha de qual demanda será atendida.

Comparadas com as licitações para aquisição de bens, a licitação de obras e serviços de engenharia é um procedimento mais complexo. Essa maior complexidade se estende à análise jurídica, que culminará com o parecer jurídico.

Uma dificuldade da contratação de obras e serviços de engenharia é a própria distinção entre obras e serviços de engenharia; seja na Lei de Licitações, seja em âmbito doutrinário, não é algo com contornos claramente definidos.

Além disso, há maior complexidade e limitação na escolha da modalidade de licitação. Por exemplo, por meio de pregão é possível contratar serviços de engenharia, porém não é possível contratar obras.

Assim, já se pode perceber que o parecer jurídico num processo de contratação de obras terá mais aspectos e expressões técnicas do que os demais. É sempre pertinente lembrar que o órgão de assessoramento jurídico emite manifestação que se restringe aos aspectos jurídicos, não alcançando aspectos técnicos, econômico-financeiros e, principalmente, de conveniência e oportunidade. Na prática, contudo, não é tão simples tal distinção, já que muitos normativos regulam, por exemplo, questões técnicas e econômico-financeiras. Então, poder-se-ia questionar: ao deparar-se com o descumprimento de normas que regulam aspectos técnicos e econômico-financeiros, o órgão de assessoramento jurídico deveria ou não se manifestar? Estaria ou não extrapolando o aspecto jurídico de sua análise?

A Boa Prática Consultiva n. 7[39], editada pela AGU, recomenda que a manifestação consultiva evite posicionamentos conclusivos sobre temas não jurídicos. Isso não impede, contudo, a emissão de opinião ou a formulação de recomendações pelo órgão de assessoramento jurídico. Cabe registrar que a Boa Prática n. 7 foi editada em 2014, antes da nova lei de licitações, que ampliou a atuação do órgão de assessoramento jurídico, indo muito além da aprovação da minuta de edital e de contrato, prevista no parágrafo único do art. 38 da Lei n. 8.666/1993.

Feitas essas breves considerações, passemos então à exposição de conceitos básicos que integram as contratações de obras e serviços de engenharia e que devem ser compreendidos pelo parecerista quando da análise jurídica da contratação.

6.2 CONCEITOS BÁSICOS RELATIVOS ÀS OBRAS E SERVIÇOS DE ENGENHARIA

É necessário trazer conceitos básicos para posicionar o parecerista diante de licitações de obras e serviços de engenharia.

6.2.1 Obra

O conceito legal de obra da Lei n. 8.666/1993 é totalmente diferente daquele exposto na Lei n. 14.133/2021.

Na Lei n. 8.666/1993, obra é toda construção, reforma, fabricação, recuperação ou ampliação, realizada por execução direta ou indireta.

---

39 "A manifestação consultiva que adentrar questão jurídica com potencial de significativo reflexo em aspecto técnico deve conter justificativa da necessidade de fazê-lo, evitando-se posicionamentos conclusivos sobre temas não jurídicos, tais como os técnicos, administrativos ou de conveniência ou oportunidade, podendo-se, porém, sobre estes emitir opinião ou formular recomendações, desde que enfatizando o caráter discricionário de seu acatamento".

Já na Lei n. 14.133/2021, art. 6º, inciso XII, obra é toda atividade estabelecida, por força de lei, como privativa das profissões de arquiteto e engenheiro que implica intervenção no meio ambiente por meio de um conjunto harmônico de ações que, agregadas, formam um todo que inova o espaço físico da natureza ou acarreta alteração substancial das características originais de bem imóvel.

O conceito trazido pela Lei n. 14.133/2021 tem como pressuposto que obra é uma atividade e, cumulativamente, por força de lei[40], deve ser privativa das profissões de arquiteto e engenheiro. Além disso, conforme Amorim (2021, p. 118), a Nova Lei de Licitações (NLL):

> [...] veicula parâmetros dinâmicos para o enquadramento da situação concreta no conceito de obra, orientando-se não por atividades preestabelecidas (construção, reforma, fabricação, recuperação ou ampliação), mas pela dimensão projetada do resultado da execução: inovação significativa do espaço físico ou alteração substancial das características originais de bem imóvel.

Entender o conceito de obra é importante, principalmente em sua distinção em relação a serviço de engenharia, pois isso impactará na definição da modalidade licitatória.

6.2.2 Serviço de engenharia

A Lei n. 8.666/1993 não trazia o conceito específico de serviço de engenharia, limitando-se a trazer o conceito de serviço, que, segundo dispunha, é toda atividade destinada a obter determinada utilidade de interesse para a Administração, tais como: demolição, conserto, instalação, montagem, operação, conservação, reparação, adaptação, manutenção, transporte, locação de bens, publicidade, seguro ou trabalhos técnico-profissionais.

A Lei n. 14.133/2021 não foi omissa nesse ponto. Conforme o art. 6º, inciso XXI, serviço de engenharia é toda atividade ou conjunto de atividades destinadas a obter determinada utilidade, intelectual ou

40 Atualmente, as leis que regem a profissão de engenheiro e arquiteto são a Lei n. 5.194/1966 e a Lei n. 12.378/2010.

material, de interesse para a Administração e que, não enquadradas no conceito de obra a que se refere o inciso XII do art. 6º, são estabelecidas, por força de lei, como privativas das profissões de arquiteto e engenheiro ou de técnicos especializados.

Destaca-se desse conceito o seu caráter *residual* em relação ao conceito de obra. É dizer: a atividade estabelecida, por força de lei, como privativa das profissões de arquiteto e engenheiro, que implique intervenção no meio ambiente por meio de um conjunto harmônico de ações que, agregadas, formem um todo que inova o espaço físico da natureza ou acarrete alteração substancial das características originais de bem imóvel e que não for indicada como obra será serviço de engenharia.

Além disso, a Lei n. 14.133/2021 trouxe o conceito de serviço de engenharia e o dividiu em serviço comum de engenharia e serviço especial de engenharia:

> a) **serviço comum de engenharia**: todo serviço de engenharia que tem por objeto ações, objetivamente padronizáveis em termos de desempenho e qualidade, de manutenção, de adequação e de adaptação de bens móveis e imóveis, com preservação das características originais dos bens;
>
> b) **serviço especial de engenharia**: aquele que, por sua alta heterogeneidade ou complexidade, não pode se enquadrar na definição constante da alínea "a" deste inciso;

É importante confrontar os conceitos supracitados com o conceito de serviço comum trazido pelo art. 6º, inciso XIII, segundo o qual bens e serviços comuns são aqueles cujos padrões de desempenho e qualidade podem ser objetivamente definidos pelo edital, por meio de especificações usuais de mercado[41].

Como critério residual aos bens e serviços comuns, a lei indicou os bens e serviços especiais, que são aqueles que, por sua alta heterogeneidade ou complexidade, não podem ser descritos como comuns. Nesse caso, exige-se a justificativa prévia do contratante.

---

[41] O conceito de bem e serviço comum trazido pela Lei n. 14.133/2021 é o mesmo da Lei n. 10.520/2002, exceto pela troca da expressão "especificações usuais no mercado" por "especificações usuais de mercado".

O enquadramento na categoria de bens e serviços especiais não é definido por valor. O valor é critério utilizado para definir se uma contratação é ou não de grande vulto. Nesse caso, consideram-se obras, serviços e fornecimentos de grande vulto aqueles cujo valor estimado supere R$ 216.081.640,00[42] (duzentos e dezesseis milhões, oitenta e um mil e seiscentos e quarenta reais).

6.2.3 Obras e serviços de engenharia de grande vulto

Como vimos, a vultosidade de uma obra ou serviço de engenharia é identificada a partir do valor estimado da contratação (quando superar R$ 216.081.640,00).

Quando se tratar de obra ou serviço de engenharia de grande vulto, a Lei n. 14.133/2021 aponta as seguintes peculiaridades:

a) adoção obrigatória de matriz de risco: o art. 22, § 3º, prevê que, quando a contratação se referir a obras e serviços de grande vulto, o edital obrigatoriamente contemplará matriz de alocação de riscos entre o contratante e o contratado;
b) obrigatoriedade de implantação de programa de integridade: o art. 25 prevê que, nas contratações de obras, serviços e fornecimentos de grande vulto, o edital deverá prever a obrigatoriedade de implantação de programa de integridade pelo licitante vencedor, no prazo de 6 (seis) meses, contado da celebração do contrato;
c) possibilidade de exigir a prestação de garantia, na modalidade seguro-garantia, com cláusula de retomada prevista no art. 102 da Lei n. 14.133/2021, em percentual equivalente a até 30% (trinta por cento) do valor inicial do contrato.

6.2.4 Regimes de execução

Nos termos do art. 46 da Lei n. 14.133/2021, na execução indireta de obras e serviços de engenharia, são admitidos os seguintes regimes:

> I – empreitada por preço unitário;
> II – empreitada por preço global;

[42] Valor atualizado conforme o Decreto n. 10.922/2021.

III – empreitada integral;

IV – contratação por tarefa;

V – contratação integrada;

VI – contratação semi-integrada;

VII – fornecimento e prestação de serviço associado.

A escolha do regime de execução é feita pela área técnica, não cabendo ao parecerista imiscuir-se no mérito dessa decisão. A esse respeito, o parecerista deve verificar se o enquadramento do objeto ao regime de execução respeitou os requisitos legais e trouxe as consequências de cada um deles.

Uma das consequências é a possibilidade de dispensar a elaboração de projeto básico. Em regra, para licitar obras e serviços de engenharia, a Administração Pública deve fazê-lo segundo o projeto básico[43]. Entretanto, nos casos de contratação integrada, a Administração é dispensada da elaboração de projeto básico, hipótese em que deverá ser elaborado anteprojeto de acordo com metodologia definida em ato do órgão competente, observados os requisitos estabelecidos no inciso XXIV do art. 6º da Lei n. 14.133/2021.

Assim, na contratação integrada, é de responsabilidade do contratado a elaboração do projeto básico e, depois de elaborado, o conjunto de desenhos, especificações, memoriais e cronograma físico-financeiro deverá ser submetido à aprovação da Administração Pública, que avaliará sua adequação em relação aos parâmetros definidos no edital e conformidade com as normas técnicas, vedadas alterações que reduzam a qualidade ou a vida útil do empreendimento e mantida a responsabilidade integral do contratado pelos riscos associados ao projeto básico. Assim, caso seja esse o regime de execução, tais regras devem estar previstas na minuta de edital e de contrato, sob análise do parecerista.

Caso a obra tenha como pressuposto a desapropriação de área com pendências de efetivação, o § 4º do art. 46 prevê que, nos regimes

[43] Conforme o art. 46, § 1º, é vedada a realização de obras e serviços de engenharia sem projeto executivo, ressalvada a hipótese prevista no § 3º do art. 18 da Lei n. 14.133/2021.

de contratação integrada e semi-integrada, o edital e o contrato, sempre que for o caso, deverão prever as providências necessárias para a efetivação de desapropriação autorizada pelo poder público, bem como:

> I – o responsável por cada fase do procedimento expropriatório;
>
> II – a responsabilidade pelo pagamento das indenizações devidas;
>
> III – a estimativa do valor a ser pago a título de indenização pelos bens expropriados, inclusive de custos correlatos;
>
> IV – a distribuição objetiva de riscos entre as partes, incluído o risco pela diferença entre o custo da desapropriação e a estimativa de valor e pelos eventuais danos e prejuízos ocasionados por atraso na disponibilização dos bens expropriados;
>
> V – em nome de quem deverá ser promovido o registro de imissão provisória na posse e o registro de propriedade dos bens a serem desapropriados.

Outra consequência advinda do regime de execução é a possibilidade de, na contratação semi-integrada, mediante prévia autorização da Administração, o projeto básico ser alterado. Nesse caso, é necessário que o contratado demonstre a superioridade das inovações propostas em termos de redução de custos, de aumento da qualidade, de redução do prazo de execução ou de facilidade de manutenção ou operação, assumindo o contratado a responsabilidade integral pelos riscos associados à alteração do projeto básico. Tais regras devem estar previstas tanto na minuta de edital quanto na de contrato. Caso não estejam, o parecerista deve recomendar sua inclusão.

Por fim, o parecerista também deve observar se na minuta de edital e de contrato consta que, nos regimes de execução empreitada por preço global, empreitada integral, contratação por tarefa, contratação integrada e semi-integrada, os quais serão licitados por preço global e adotarão sistemática de medição e pagamento associada à execução de etapas do cronograma físico-financeiro vinculadas ao cumprimento de metas de resultado, é vedada a adoção de sistemática de remuneração orientada por preços unitários ou referenciada pela execução de quantidades de itens unitários.

6.3 O MOMENTO DO PARECER JURÍDICO

Conforme disposto no art. 53 da Lei n. 14.133/2021, ao final da fase preparatória (todas as etapas até a publicação do edital), o processo licitatório seguirá para o órgão de assessoramento jurídico da Administração Pública, que realizará controle prévio de legalidade mediante análise jurídica da contratação.

É chegado o momento do parecer jurídico. Pode ser que esse seja o primeiro contato do parecerista com o processo licitatório. Pode ser também que o órgão de assessoramento jurídico já tenha tido algum contato com ele antes da emissão do parecer jurídico previsto no art. 53 (prestado algum apoio ao agente de contratação[44], conforme autorizado pelo art. 8º, § 3º, da Lei n. 14.133/2021). Independentemente de ter tido contato prévio com o processo, o parecerista deve examinar e apreciar todos os elementos indispensáveis à contratação, sempre sob uma ótica jurídica, expondo os pressupostos de fato e de direito levados em consideração na análise jurídica.

Nos tópicos a seguir, apresentaremos algumas cláusulas da minuta do edital e do contrato que merecem mais atenção do parecerista.

Selecionamos algumas cláusulas, exigências e fraudes mais comuns em editais de obras e serviços de engenharia. Cabe a ressalva de que não são apenas essas as que devem ser analisadas pelo órgão de assessoramento jurídico. O parecerista deve ler e examinar todo o processo. Entretanto, por uma questão didática, fizemos um recorte, a partir da prática administrativa e das decisões do TCU, das cláusulas, exigências e fraudes mais recorrentes.

---

[44] Art. 8º A licitação será conduzida por agente de contratação, pessoa designada pela autoridade competente, entre servidores efetivos ou empregados públicos dos quadros permanentes da Administração Pública, para tomar decisões, acompanhar o trâmite da licitação, dar impulso ao procedimento licitatório e executar quaisquer outras atividades necessárias ao bom andamento do certame até a homologação.

[...]

§ 3º As regras relativas à atuação do agente de contratação e da equipe de apoio, ao funcionamento da comissão de contratação e à atuação de fiscais e gestores de contratos de que trata esta Lei serão estabelecidas em regulamento, e deverá ser prevista a possibilidade de eles contarem com o apoio dos órgãos de assessoramento jurídico e de controle interno para o desempenho das funções essenciais à execução do disposto nesta Lei.

6.4 ALGUNS PONTOS IMPORTANTES RELATIVOS À FASE PREPARATÓRIA DO PROCESSO DE CONTRATAÇÃO DE OBRAS E SERVIÇOS DE ENGENHARIA

Neste tópico, apresentaremos alguns pontos importantes relativos à preparatória do processo de licitação para contratar obras e serviços de engenharia.

A fase preparatória, também chamada de fase interna da licitação, é aquela que antecede a publicação do edital. Segundo o art. 18 da Lei n. 14.133/2021, a fase preparatória do processo licitatório é caracterizada pelo planejamento e deve compatibilizar-se com o plano de contratação anual, sempre que elaborado, e com as leis orçamentárias (lei orçamentária anual, lei de diretrizes orçamentárias e plano plurianual).

É nela que serão elaborados os documentos de planejamento, identificadas e descritas as necessidades (tendo como fundamento o ETP), definido o objeto para o atendimento da necessidade, elaborado o orçamento estimado e, no caso de obras e serviços de engenharia, outros documentos, como termo de referência, projeto básico, projeto executivo, anteprojeto.

6.4.1 Estudos técnicos preliminares (ETP)

Conforme o art. 6º, inciso XX, da Lei n. 14.133/2021[45], o estudo técnico preliminar é documento constitutivo da primeira etapa do planejamento de uma contratação. É no ETP que se caracterizam o interesse público envolvido e a sua melhor solução, dando base ao anteprojeto, ao termo de referência ou ao projeto básico a serem elaborados caso se conclua pela viabilidade da contratação.

Pelo conceito legal, é possível extrair que é no ETP que a Administração expõe a demanda a ser resolvida/suprida/atendida, sempre tendo como orientador o interesse público envolvido. Além disso, o ETP é o documento no qual se formaliza a discussão sobre as várias soluções disponíveis no mercado e identifica-se a que melhor atende ao interesse público.

O art. 18, § 1º, da Lei n. 14.133/2021 traz 13 (treze) elementos que compõem o ETP. Considerando-se que cabe ao órgão de assessoramento

---

45 Antes da Lei n. 14.133/2021, sob a égide exclusiva da Lei n. 8.666/1993, foi editada a Instrução Normativa (IN) n. 40/2020, dispondo sobre a elaboração dos Estudos Técnicos Preliminares para a aquisição de bens e a contratação de serviços e obras, no âmbito da Administração Pública Federal direta, autárquica e fundacional.

jurídico realizar o controle prévio de legalidade, deverá observar se há nos autos o ETP, bem como os elementos mínimos, que são:

a) descrição da necessidade da contratação, considerado o problema a ser resolvido sob a perspectiva do interesse público;
b) estimativas das quantidades para a contratação, acompanhadas das memórias de cálculo e dos documentos que lhes dão suporte, que considerem interdependências com outras contratações, de modo a possibilitar economia de escala;
c) estimativa do valor da contratação, acompanhada dos preços unitários referenciais, das memórias de cálculo e dos documentos que lhe dão suporte, que poderão constar de anexo classificado, se a Administração optar por preservar o seu sigilo até a conclusão da licitação;
d) justificativas para o parcelamento ou não da contratação;
e) posicionamento conclusivo sobre a adequação da contratação para o atendimento da necessidade a que se destina.

Por se tratar de matéria técnica, o órgão de assessoramento jurídico não se manifestará sobre o teor do ETP, mas deve observar se foram cumpridos os 13 (treze) elementos (art. 18, § 1º, da Lei n. 14.133/2021) e, quando não cumpridos, verificar se houve a apresentação de justificativas (art. 18, § 2º, da Lei n. 14.133/2021).

Quando se tratar de contratação de obras e serviços *comuns* de engenharia, a especificação do objeto poderá ser realizada apenas em termo de referência ou em projeto básico, dispensada a elaboração de projetos. Nesse caso, deverá estar demonstrada no processo a inexistência de prejuízo para a aferição dos padrões de desempenho e qualidade almejados, tudo nos termos do art. 18, § 3º, da Lei n. 14.133/2021.

Analisado o ETP, o órgão de assessoramento jurídico deve analisar os documentos que foram elaborados a partir do ETP. São eles: termo de referência ou projeto básico e projeto executivo, conforme o caso.

6.4.2 Pesquisa de preço e orçamento estimado

Quando o órgão de assessoramento jurídico receber o processo ao final da fase preparatória, a pesquisa de preço que embasará o orçamento estimado da licitação já ocorreu (o ideal é que não tenha decorrido muito tempo, sob pena de os preços pesquisados não mais refletirem aqueles praticados no mercado).

Quanto à pesquisa de preço e à construção do orçamento, valem as mesmas ressalvas aqui já expostas sobre matérias técnicas: não cabe ao parecerista jurídico manifestar-se sobre o conteúdo delas, se o preço orçado reflete o praticado no mercado, por exemplo. Contudo, a Lei n. 14.133/2021 trouxe parâmetros para a obtenção do valor previamente estimado da contratação. E é a observância desses parâmetros que deve passar pelo crivo e pela análise do órgão de assessoramento jurídico.

Em seu art. 23, a Lei n. 14.133/2021 dispõe que o valor previamente estimado da contratação deverá ser compatível com os valores praticados pelo mercado, considerados os preços constantes de bancos de dados públicos e as quantidades a serem contratadas. Além disso, devem ser observadas a potencial economia de escala e as peculiaridades do local de execução do objeto. Mais uma vez, reforça-se que o parecerista deve se atentar para o cumprimento dos parâmetros e critérios legais na realização da pesquisa de preço.

No processo licitatório para contratação de obras e serviços de engenharia, é preciso observar o § 2º do art. 23, que traz as regras para a definição do valor estimado desse tipo de objeto. Nele consta que o valor estimado será definido por meio da utilização de parâmetros na seguinte ordem:

1°) **composição de custos unitários menores ou iguais à mediana do item correspondente** do Sistema de Custos Referenciais de Obras (SICRO), para serviços e obras de infraestrutura de transportes, ou do Sistema Nacional de Pesquisa de Custos e Índices de Construção Civil (SINAPI), para as demais obras e serviços de engenharia;

2°) **utilização de dados de pesquisa publicada em mídia especializada, de tabela de referência** formalmente aprovada pelo Poder Executivo federal e de sítios eletrônicos especializados ou de domínio amplo, desde que contenham a data e a hora de acesso;

3°) **contratações similares feitas pela Administração Pública**, em execução ou concluídas no período de 1 (um) ano anterior à data da pesquisa de preços, observado o índice de atualização de preços correspondente;

4°) **pesquisa na base nacional de notas fiscais eletrônicas**, na forma de regulamento.

Esses quatro parâmetros devem ser usados na ordem apresentada. Além disso, o valor estimado deve ser acrescido do percentual de Benefícios e Despesas Indiretas (BDI)[46] de referência e dos Encargos Sociais (ES). A lei indica também que deve ser observado o regulamento, caso exista.

O § 3º do art. 23 autoriza que, nas contratações realizadas por Municípios, Estados e Distrito Federal, desde que não envolvam recursos da União[47], o valor previamente estimado da contratação seja definido por meio da utilização de outros sistemas de custos adotados pelo respectivo ente federativo. Ao assim dispor, a Lei n. 14.133/2021 indicou que as normas do art. 23, § 2º, são materialmente específicas[48]. Municípios, Estados e Distrito Federal podem se valer delas, porém possuem competência para dispor de forma diversa.

Se se tratar de obra ou serviços de engenharia executados com recursos da União[49], geralmente transferidos por meio de convênios e contratos de repasse[50], devem ser seguidos os parâmetros do art. 23, § 2º.

---

46 O art. 9º do Decreto n. 7.893/2013 reza que o preço global de referência será o resultante do custo global de referência acrescido do valor correspondente ao BDI, que deverá evidenciar em sua composição, no mínimo:
I – taxa de rateio da administração central;
II – percentuais de tributos incidentes sobre o preço do serviço, excluídos aqueles de natureza direta e personalística que oneram o contratado;
III – taxa de risco, seguro e garantia do empreendimento; e
IV – taxa de lucro.

47 Exemplos de recursos da União são aqueles decorrentes de transferências voluntárias, transferidos por meio de convênios e contratos de repasse, atualmente regulados pela Portaria Interministerial n. 424/2016 e pelo Decreto Federal n. 6.170/2007.

48 CF, Art. 22. Compete privativamente à União legislar sobre: [...] XXVII – normas gerais de licitação e contratação, em todas as modalidades, para as administrações públicas diretas, autárquicas e fundacionais da União, Estados, Distrito Federal e Municípios, obedecido o disposto no art. 37, XXI, e para as empresas públicas e sociedades de economia mista, nos termos do art. 173, § 1°, III;

49 O art. 16 do Decreto n. 7.893/2003 prevê que, para a realização de transferências a Estados, Distrito Federal e Municípios, os órgãos e entidades da administração pública federal somente poderão celebrar convênios, contratos de repasse, termos de compromisso ou instrumentos congêneres que contenham cláusula que obrigue o beneficiário ao cumprimento das normas do citado Decreto nas licitações que realizar para a contratação de obras ou serviços de engenharia com os recursos transferidos.

50 Atualmente regulados pela Portaria Interministerial n. 424/2016.

A lei traz uma particularidade em relação às contratações de obras e serviços de engenharia sob os regimes de contratação integrada ou semi-integrada, aquelas em que ao contratado cabe a responsabilidade de elaborar o projeto básico e executivo ou apenas o executivo, respectivamente. Nessas contratações, sob o regime de contratação integrada ou semi-integrada, o valor estimado da contratação também será calculado nos termos do § 2º anteriormente exposto.

Entretanto, como nesses regimes de execução a licitação terá como base um anteprojeto, a lei prevê que, sempre que necessário e o anteprojeto o permitir, a estimativa de preço terá por base orçamento sintético, balizado em sistema de custo definido no inciso I do § 2º (SICRO ou SINAPI). A lei reza ainda que a utilização de metodologia expedita ou paramétrica e de avaliação aproximada com base em outras contratações similares deve ser reservada às frações do empreendimento não suficientemente detalhadas no anteprojeto. Nessas hipóteses, conforme o art. 23, § 6º, será exigido dos licitantes ou contratados, no orçamento que compuser suas respectivas propostas, no mínimo o mesmo nível de detalhamento do orçamento sintético referido no § 5º.

6.4.3 Termo de referência

O termo de referência é o documento necessário para a contratação de bens e serviços em geral, portanto pode ser usado para a contratação de serviços de engenharia.

O art. 6º, inciso XXIII, da Lei n. 14.133/2021 traz dez parâmetros e elementos descritivos do termo de referência que, de forma resumida, são:

a) definição do objeto;

b) fundamentação da contratação;

c) descrição da solução como um todo;

d) requisitos da contratação;

e) modelo de execução do objeto;

f) modelo de gestão do contrato;

g) critérios de medição e de pagamento;

h) forma e critérios de seleção do fornecedor;

i) estimativas do valor da contratação;

j) adequação orçamentária.

Por se tratar de matéria técnica, o órgão de assessoramento jurídico não se manifestará sobre o teor do termo de referência, mas deve observar se foram cumpridos os dez parâmetros e elementos indicados na lei e se há ateste da área técnica nesse sentido. Caso não haja ou seja insuficiente, o parecerista deve recomendar, por meio de diligência, o cumprimento dos requisitos legais.

6.4.4 Anteprojeto

Ao tratar sobre os regimes de execução, a Lei n. 14.133/2021 dispõe, no art. 46, § 2º, que a Administração é dispensada da elaboração de projeto básico nos casos de contratação integrada[51], hipótese em que deverá ser elaborado anteprojeto de acordo com metodologia definida em ato do órgão competente, observados os requisitos estabelecidos no inciso XXIV do art. 6º da Lei.

Segundo o art. 6º, o anteprojeto é peça técnica com todos os subsídios necessários à elaboração do projeto básico, que deve conter, no mínimo, os seguintes elementos:

a) demonstração e justificativa do programa de necessidades, avaliação de demanda do público-alvo, motivação técnico-econômico-social do empreendimento, visão global dos investimentos e definições relacionadas ao nível de serviço desejado;
b) condições de solidez, de segurança e de durabilidade;
c) prazo de entrega;
d) estética do projeto arquitetônico, traçado geométrico e/ou projeto da área de influência, quando cabível;
e) parâmetros de adequação ao interesse público, de economia na utilização, de facilidade na execução, de impacto ambiental e de acessibilidade;
f) proposta de concepção da obra ou do serviço de engenharia;
g) projetos anteriores ou estudos preliminares que embasaram a concepção proposta;
h) levantamento topográfico e cadastral;

[51] A contratação integrada foi uma novidade no regime geral de licitações e contratos, porém já existia no ordenamento jurídico, inserida pela Lei n. 12.464/2011 e presente também na Lei n. 13.303/2016.

i) pareceres de sondagem;
j) memorial descritivo dos elementos da edificação, dos componentes construtivos e dos materiais de construção, de forma a estabelecer padrões mínimos para a contratação.

Por se tratar de matéria técnica, o órgão de assessoramento jurídico não se manifestará sobre o teor do anteprojeto, mas deve observar se foram cumpridos os elementos indicados na lei e se há ateste da área técnica nesse sentido.

Considerando-se que a licitação terá como base o anteprojeto, o órgão de assessoramento jurídico deve observar se no edital há a previsão da obrigação da contratada de, após a elaboração do projeto básico, submeter à aprovação da Administração o conjunto de desenhos, especificações, memoriais e cronograma físico-financeiro, conforme prevê o art. 46, § 3º, da Lei n. 14.133/2021.

Além disso, nos regimes de contratação semi-integrada e integrada, se for o caso, o órgão de assessoramento jurídico deverá observar se o edital e o contrato previram as providências necessárias para a efetivação de desapropriação autorizada pelo poder público (art. 46, § 4º, da Lei n. 14.133/2021).

Uma licitação com base em um anteprojeto, que em sua essência tem um nível de precisão menor do que o de um projeto básico, deve ter critérios de julgamento bem definidos, sob pena de desrespeito ao princípio do julgamento objetivo.

6.4.5 Projeto básico

Segundo o art. 6º, inciso XXV, da Lei n. 14.133/2021, o projeto básico é o conjunto de elementos necessários e suficientes, com nível de precisão adequado para definir e dimensionar a obra ou o serviço, ou o complexo de obras ou de serviços objeto da licitação.

Assim como para a contratação de bens e serviços, em que é necessária a definição do objeto, incluídos sua natureza e os quantitativos, no termo de referência, na contratação de obras e serviços de engenharia também é necessária a descrição precisa do objeto por meio do projeto básico. É através dele que a Administração Pública apresenta ao mercado o que pretende contratar, com seus contornos e quantidades, com as demais informações imprescindíveis à elaboração da proposta pelos licitantes.

Conforme o art. 6º, inciso XXV, da Lei n. 14.133/2021, o projeto básico é elaborado com base nas indicações dos estudos técnicos preliminares e deve assegurar a viabilidade técnica e o adequado tratamento do impacto ambiental do empreendimento. Cabe lembrar que é na elaboração dos estudos técnicos preliminares que a Administração Pública estuda as soluções disponíveis para a demanda posta, bem como conclui por aquela mais adequada para o atendimento da necessidade a que se destina. O atendimento da demanda pela solução deve passar pelo crivo da viabilidade técnica e ambiental.

Além disso, por meio do projeto básico deve ser possível avaliar o custo da obra (informação importante tanto para a Administração Pública, na verificação da disponibilidade financeira e orçamentária, como para o mercado, na elaboração da proposta). Por fim, a partir do projeto básico deve ser possível definir método e prazo de execução.

Por esse conceito legal robusto, vê-se que o projeto básico nada tem de básico. É a peça que define o sucesso da contratação de obras e serviços de engenharia. Projetos básicos mal elaborados, desatualizados em preço e tecnologias, podem ser fatais na execução, comprometendo, não raras vezes, a conclusão da obra ou do serviço. Tendo em conta a importância dessa peça, o legislador incrementou as exigências do projeto básico. Conforme o art. 6º, inciso XXV, o projeto básico deve conter os seguintes elementos:

a) levantamentos topográficos e cadastrais, sondagens e ensaios geotécnicos, ensaios e análises laboratoriais, estudos socioambientais e demais dados e levantamentos necessários para a execução da solução escolhida;
b) soluções técnicas globais e localizadas, suficientemente detalhadas, de forma a evitar, por ocasião da elaboração do projeto executivo e da realização das obras e montagem, a necessidade de reformulações ou variantes quanto à qualidade, ao preço e ao prazo inicialmente definidos;
c) identificação dos tipos de serviços a executar e dos materiais e equipamentos a incorporar à obra, bem como das suas especificações, de modo a assegurar os melhores resultados para o empreendimento e a segurança executiva na utilização do objeto, para os fins a que se destina, considerados os riscos e os perigos identificáveis, sem frustrar o caráter competitivo para a sua execução;

d) informações que possibilitem o estudo e a definição de métodos construtivos, de instalações provisórias e de condições organizacionais para a obra, sem frustrar o caráter competitivo para a sua execução;
e) subsídios para montagem do plano de licitação e gestão da obra, compreendidos a sua programação, a estratégia de suprimentos, as normas de fiscalização e outros dados necessários em cada caso;
f) orçamento detalhado do custo global da obra, fundamentado em quantitativos de serviços e fornecimentos propriamente avaliados, obrigatório exclusivamente para os regimes de execução empreitada por preço unitário, empreitada por preço global, empreitada integral, contratação por tarefa e fornecimento e prestação de serviço associado.

Sobre o projeto, o TCU assentou o seguinte entendimento, na Súmula n. 261:

> Em licitações de obras e serviços de engenharia, é necessária a elaboração de projeto básico adequado e atualizado, assim considerado aquele aprovado com todos os elementos descritos no art. 6º, inciso IX, da Lei n. 8.666, de 21 de junho de 1993, constituindo prática ilegal a revisão de projeto básico ou a elaboração de projeto executivo que transfigurem o objeto originalmente contratado em outro de natureza e propósito diversos.

Cabe lembrar que, durante a fase de execução da obra ou serviço de engenharia contratado, é possível a modificação do projeto básico, mas sempre limitada aos percentuais previstos no art. 125 da Lei n. 14.133/2021 (25% do valor inicial atualizado para obras, serviços ou compras; e 50% no caso de reforma de edifício ou de equipamento).

6.4.6 Projeto executivo

Segundo o art. 6º, inciso XXVI, da Lei n. 14.133/2021, o projeto executivo é o conjunto de elementos necessários e suficientes à execução completa da obra, com o detalhamento das soluções previstas no projeto básico, a identificação de serviços, de materiais e de equipamentos a serem incorporados à obra, bem como suas especificações técnicas, de acordo com as normas técnicas pertinentes.

Nem sempre o projeto executivo constará do processo já na fase preparatória. É comum, inclusive, que a licitação ocorra com base apenas no projeto básico (exceto na contratação integrada) e que a elaboração do projeto executivo fique a cargo do licitante vencedor a ser contratado para a execução da obra ou serviço de engenharia.

É possível que a Administração Pública contrate a elaboração do projeto básico e do projeto executivo. Nesse caso, o art. 14 da Lei n. 14.133/2021 prevê que o autor do projeto executivo não poderá disputar licitação ou participar da execução de contrato, diretamente ou indiretamente, quando a licitação versar sobre obra, serviços ou fornecimento de bens a ele relacionados. O § 4º do art. 14 dispõe que essa vedação, contudo, não impede a licitação ou a contratação de obra ou serviço que inclua como encargo do contratado a elaboração do projeto básico e do projeto executivo, nas contratações integradas, e do projeto executivo, nos demais regimes de execução.

É interessante que o órgão de assessoramento jurídico indique no seu parecer jurídico a presença ou não do projeto executivo, bem como advirta em seu parecer sobre a vedação, constante do art. 14, inciso I, da Lei n. 14.133/2021.

Se se tratar de uma licitação cujo regime de execução seja a contratação semi-integrada, deverá verificar se consta no edital que o contratado é responsável por elaborar e desenvolver o projeto executivo, conforme o art. 6º, inciso XXXIII, da Lei n. 14.133/2021.

6.4.7 Anotação de responsabilidade técnica (ART)

A Anotação de Responsabilidade Técnica (ART) foi instituída por meio da Lei n. 6.596/1977, que, em seu art. 1º, tornou obrigatório que todo contrato, escrito ou verbal, para a execução de obras ou prestação de quaisquer serviços profissionais referentes à Engenharia, à Arquitetura e à Agronomia, fique sujeito à ART. A ART é o instrumento que define para os efeitos legais os responsáveis técnicos pelo empreendimento de engenharia, arquitetura e agronomia.

Além da obrigatoriedade legal, o Conselho Federal de Engenharia e Agronomia (CONFEA) destaca a importância da ART para a carreira do profissional. Isso porque,

> Para o profissional, o registro da ART garante a formalização do respectivo acervo técnico, que possui fundamental importância no mercado de trabalho para comprovação de sua capacidade técnico-profissional. Para a sociedade, a ART serve como um instrumento de defesa, pois formaliza o compromisso do profissional com a qualidade dos serviços prestados.
>
> A ART deve ser registrada pelo profissional antes do início da atividade técnica (conforme os dados do contrato escrito ou verbal), no Crea em cuja região será realizada a atividade[52].

Sobre essa temática, o TCU, em 2010, consolidou o seguinte entendimento na Súmula 260:

> É dever do gestor exigir apresentação de Anotação de Responsabilidade Técnica – ART referente a projeto, execução, supervisão e fiscalização de obras e serviços de engenharia, com indicação do responsável pela elaboração de plantas, orçamento-base, especificações técnicas, composições de custos unitários, cronograma físico-financeiro e outras peças técnicas.

A apresentação da ART é obrigação legal que não consta na Lei n. 14.133/2021, mas consta na Lei n. 6.596/1977. Assim, cabe ao parecerista observar se está presente no processo e, caso não esteja, recomendar a sua juntada.

6.4.8 Diretrizes e normas a serem respeitadas nas licitações de obras e serviços de engenharia

O art. 45 da Lei n. 14.133/2021 prevê que as licitações de obras e serviços de engenharia devem respeitar, especialmente, as normas relativas a:

a) disposição final ambientalmente adequada dos resíduos sólidos gerados pelas obras contratadas;
b) mitigação por condicionantes e compensação ambiental, que serão definidas no procedimento de licenciamento ambiental;

[52] Disponível em: https://www.confea.org.br/servicos-prestados/anotacao-de-responsabilidade-tecnica-art. Acesso em: 31 out. 2022.

c) utilização de produtos, de equipamentos e de serviços que, comprovadamente, favoreçam a redução do consumo de energia e de recursos naturais;
d) avaliação de impacto de vizinhança, na forma da legislação urbanística;
e) proteção do patrimônio histórico, cultural, arqueológico e imaterial, inclusive por meio da avaliação do impacto direto ou indireto causado pelas obras contratadas;
f) acessibilidade para pessoas com deficiência ou com mobilidade reduzida.

Trata-se de um rol exemplificativo de matérias, a partir das quais as obras e serviços devem ser concebidos.

Caso necessário, caberá à área técnica atestar que o objeto que está sendo licitado atende às normas específicas, eventualmente não indicadas no rol do art. 45.

Sobre o licenciamento ambiental, o edital poderá prever a responsabilidade do contratado pela obtenção do licenciamento ambiental[53] e pela realização da desapropriação autorizada pelo poder público, conforme o art. 25, § 5º, da Lei n. 14.133/2021.

Ao parecerista cabe alertar sobre a necessidade de cumprimento, no mínimo e conforme o caso, das seis diretrizes e normas supramencionadas.

6.4.9 Previsão orçamentária

Ao tratar do tema orçamento, a Constituição Federal determina, no art. 167, § 1º, que nenhum investimento cuja execução ultrapasse um exercício financeiro poderá ser iniciado sem prévia inclusão no plano plurianual[54], ou sem lei que autorize sua inclusão, sob pena de crime de

[53] A Lei n. 14.133/2021 inovou ao prever prioridade de tramitação dos licenciamentos ambientais de obras públicas. O art. 25, § 6º, reza que os licenciamentos ambientais de obras e serviços de engenharia licitados e contratados nos termos da Lei n. 14.133/2021 terão prioridade de tramitação nos órgãos e entidades integrantes do Sistema Nacional do Meio Ambiente (SISNAMA) e deverão ser orientados pelos princípios da celeridade, da cooperação, da economicidade e da eficiência.

[54] Assim como a lei de diretrizes orçamentárias e a lei orçamentária anual, o plano plurianual é uma lei, cuja iniciativa pertence ao Poder Executivo.

responsabilidade. A responsabilidade fiscal, atrelada ao equilíbrio das contas públicas, tem, portanto, assento constitucional.

Não bastasse essa previsão, a Lei de Responsabilidade Fiscal, LC n. 101/2000, dispõe que a criação, a expansão ou o aperfeiçoamento de ação governamental que acarrete aumento da despesa será acompanhado de:

> I – estimativa do impacto orçamentário-financeiro no exercício em que deva entrar em vigor e nos dois subsequentes;
>
> II – declaração do ordenador da despesa de que o aumento tem adequação orçamentária e financeira com a lei orçamentária anual e compatibilidade com o plano plurianual e com a lei de diretrizes orçamentárias.

Caso a despesa esteja desacompanhada de estimativa de impacto orçamentário e da declaração do ordenador indicadas, será considerada não autorizada, irregular e lesiva ao patrimônio público.

Em harmonia com os dispositivos citados, a Lei n. 14.133/2021, no art. 150, é expressa ao dispor que nenhuma contratação será feita sem a caracterização adequada de seu objeto e sem a indicação dos créditos orçamentários para pagamento das parcelas contratuais vincendas no exercício em que for realizada a contratação, sob pena de nulidade do ato e de responsabilização de quem lhe tiver dado causa.

Chamamos a atenção para o fato de que a indicação dos créditos orçamentários para pagamento das parcelas contratuais vincendas será para o exercício em que for realizada a contratação, já que a cada exercício é aprovada uma lei orçamentária, cuja vigência coincide com o ano civil.

Também chamamos a atenção para o teor do art. 105 da Lei n. 14.133/2021, segundo o qual a duração dos contratos será a prevista em edital e deverão ser observadas, no momento da contratação e a cada exercício financeiro, a disponibilidade de créditos orçamentários e a previsão no plano plurianual, quando ultrapassar 1 (um) exercício financeiro.

Dessa forma, quando da emissão do parecer jurídico, deve-se fazer constar a ressalva de que é necessária a indicação dos créditos orçamentários para pagamento das parcelas contratuais vincendas no exercício em que for realizada a contratação, bem como a necessidade de observar, no momento da contratação e a cada exercício financeiro, a disponibilidade de créditos orçamentários e a previsão no plano plurianual, quando ultrapassar 1 (um) exercício financeiro.

6.4.10 Sistema de Registro de Preços para contratação de obras e serviços de engenharia

Na Lei n. 8666/1993, está disposto que as compras, sempre que possível, deverão ser processadas pelo Sistema de Registro de Preços (SRP). Com o Decreto n. 3.931/2001 e, posteriormente, com o Decreto n. 7.892/2013, passou-se a utilizar o SRP não só para fornecimento, mas também para a contratação de serviços. Muito embora seja alvo de muitas críticas, muitas delas fundadas na adesão[55], inicialmente sem controle e ilimitada, o SRP tem trazido eficiência e agilidade nas contratações públicas, especialmente naquelas rotineiras.

De forma bem resumida, o SRP é um procedimento auxiliar, cujo objetivo ao final é a formação de uma ata de registro de preço, na qual constarão os objetos que a Administração Pública pretende adquirir, os preços e as condições.

As hipóteses de cabimento de adoção do SRP estão previstas no art. 3º do Decreto n. 7.892/2012:

> Art. 3º O Sistema de Registro de Preços poderá ser adotado nas seguintes hipóteses:
>
> I - quando, pelas características do bem ou serviço, houver necessidade de contratações frequentes;
>
> II - quando for conveniente a aquisição de bens com previsão de entregas parceladas ou contratação de serviços remunerados por unidade de medida ou em regime de tarefa;
>
> III - quando for conveniente a aquisição de bens ou a contratação de serviços para atendimento a mais de um órgão ou entidade, ou a programas de governo; ou
>
> IV - quando, pela natureza do objeto, não for possível definir previamente o quantitativo a ser demandado pela Administração.

Observe que o art. 3º do Decreto n. 7.892/2013 autoriza a contratação de serviços por meio de SRP, sem fazer distinção no que diz respeito aos serviços de engenharia. Com relação aos serviços de engenharia,

---

55 Atualmente, há limites individuais e globais para a adesão. Ademais, conforme disposto no Acórdão do TCU n. 224/2020, Plenário, "a possibilidade de adesão a ata de registro de preços por órgãos ou entidades não participantes ('caronas') deve estar devidamente justificada no processo licitatório".

o entendimento que se consolidou é o de que é possível a contratação via SRP.

A Lei n. 14.133/2021 também previu o SRP e o conceituou como o conjunto de procedimentos para realização, mediante contratação direta ou licitação nas modalidades pregão ou concorrência, de registro formal de preços relativos à prestação de serviços, a obras e a aquisição e locação de bens para contratações futuras. Essa lei, portanto, ampliou as possibilidades de uso do SRP, o que requer uma atenção do parecerista jurídico ao analisar processos de contratação via SRP.

No que se refere à possibilidade de uso do SRP para a contratação de obras, o art. 85 da Lei n. 14.133/2021 prevê que a Administração Pública poderá contratar a execução de obras e serviços de engenharia pelo sistema de registro de preços, desde que atendidos os seguintes requisitos: a) existência de projeto padronizado, sem complexidade técnica e operacional; e b) necessidade permanente ou frequente de obra ou serviço a ser contratado.

Por serem de ordem técnica, tais questões fogem da alçada de análise do parecerista jurídico (por exemplo, não cabe ao parecerista jurídico questionar se há complexidade técnica e operacional no projeto). Contudo, o parecerista deve observar o atendimento dos requisitos legais, já que isso compõe o controle prévio de legalidade que é seu dever realizar. Então, deve verificar as manifestações técnicas a respeito, as quais devem constar expressamente que existe projeto padronizado, sem complexidade técnica e operacional, e há a necessidade permanente ou frequente de obra ou serviço a ser contratado.

Com relação ao edital cujo objetivo é a formação de ata de registro de preços, o parecerista deve verificar se observou as regras gerais dispostas no art. 82 da Lei n. 14.133/2021:

1) as especificidades da licitação e de seu objeto, inclusive a quantidade máxima de cada item que poderá ser adquirida;
2) a quantidade mínima a ser cotada de unidades de bens ou, no caso de serviços (inclusive de engenharia), de unidades de medida;
3) a possibilidade de prever preços diferentes:
    a) quando o objeto for realizado ou entregue em locais diferentes;

   b) em razão da forma e do local de acondicionamento;
   c) quando admitida cotação variável em razão do tamanho do lote;
   d) por outros motivos justificados no processo;

4) a possibilidade de o licitante oferecer ou não proposta em quantitativo inferior ao máximo previsto no edital, obrigando-se nos limites dela;
5) o critério de julgamento da licitação, que será o de menor preço ou o de maior desconto sobre tabela de preços praticada no mercado;
6) as condições para alteração de preços registrados;
7) o registro de mais de um fornecedor ou prestador de serviço, desde que aceitem cotar o objeto em preço igual ao do licitante vencedor, assegurada a preferência de contratação de acordo com a ordem de classificação;
8) a vedação à participação do órgão ou entidade em mais de uma ata de registro de preços com o mesmo objeto no prazo de validade daquela de que já tiver participado, salvo na ocorrência de ata que tenha registrado quantitativo inferior ao máximo previsto no edital;
9) as hipóteses de cancelamento da ata de registro de preços e suas consequências.

Perceba que essas são condições gerais, que incluem requisitos para compras e para obras e serviços de engenharia, por isso demandam adaptação de acordo com o objeto (no caso, obras e serviços de engenharia, que são o objeto deste capítulo) que a Administração Pública pretende contratar.

Além disso, para a utilização do sistema de registro de preços, o parecerista deve verificar se foram observadas as seguintes condições, previstas no art. 82, § 5º, da Lei n. 14.133/2021:

> I – realização prévia de ampla pesquisa de mercado;
>
> II – seleção de acordo com os procedimentos previstos em regulamento;
>
> III – desenvolvimento obrigatório de rotina de controle;
>
> IV – atualização periódica dos preços registrados;
>
> V – definição do período de validade do registro de preços;

> VI – inclusão, em ata de registro de preços, do licitante que aceitar cotar os bens ou serviços em preços iguais aos do licitante vencedor na sequência de classificação da licitação e inclusão do licitante que mantiver sua proposta original.

O parecerista deve observar se constou na minuta de edital a previsão de que a existência de preços registrados implicará compromisso de fornecimento nas condições estabelecidas, mas não obrigará a Administração a contratar. A Administração Pública poderá, inclusive, realizar outra licitação específica para a aquisição pretendida, desde que devidamente motivada.

O parecerista deve observar ainda se na minuta de edital consta o prazo de vigência da ata de registro de preços, que, segundo o art. 84, será de 1 (um) ano e poderá ser prorrogado, por igual período, desde que comprovado o preço vantajoso.

Por fim, cabe lembrar que muitos editais erroneamente indicam o sistema de registro de preços como uma modalidade licitatória. O SRP não é uma modalidade de licitação[56], mas sim um procedimento auxiliar das licitações, ao lado do credenciamento, da pré-qualificação, do procedimento de manifestação de interesse e do registro cadastral.

6.5 CLÁUSULAS IMPORTANTES A SEREM ANALISADAS NA MINUTA DE EDITAL

Nos termos do art. 25 da Lei n. 14.133/2021, o edital deverá conter o objeto da licitação e as regras relativas à convocação, ao julgamento, à habilitação, aos recursos e às penalidades da licitação, à fiscalização e à gestão do contrato, à entrega do objeto e às condições de pagamento.

Tendo em vista as peculiaridades das contratações, para cada licitação deve ser elaborado um edital. Entretanto, sempre que o objeto permitir, a Administração Pública adotará minutas padronizadas[57] de edital e de contrato com cláusulas uniformes. Isso não quer dizer que não haverá parecer jurídico.

---

56 Conforme o art. 78 da Lei n. 14.133/2021.

57 Ao tratar sobre a padronização de minutas de editais, Torres (2021, p. 184) explica que: "A padronização das minutas de editais e contratos permite a otimização dos custos econômicos e burocráticos na fase interna da licitação, além de permitir que bons modelos, que proporcionaram certames exitosos e boas contratações, sejam reaproveitados por diversos órgãos ou entes licitantes".

Na hipótese de adoção de minutas padronizadas de edital e de contrato, o parecer jurídico recairá sobre o "edital e contrato-padrão". Cabe lembrar que, conforme o art. 53, § 5º, da Lei n. 14.133/2021, é dispensável a análise jurídica quando forem utilizadas minutas de editais e instrumentos de contrato, previamente padronizados pelo órgão de assessoramento jurídico, devendo estar definido em ato da *autoridade jurídica* máxima competente[58].

Ao analisar a minuta de edital e de contrato, o parecerista deve observar com cautela as exigências. Isso porque algumas cláusulas trazem exigências que podem frustrar ou fraudar o caráter competitivo do processo licitatório[59] ou podem criar um ambiente propício ao conluio. Muitas (intenções de) fraudes em obras públicas podem ser identificadas já na fase de controle prévio de legalidade realizado pela assessoria jurídica.

Um exemplo comum de cláusula que pode frustrar o caráter competitivo é aquela que exige a contratação de mão de obra local e/ou compra de material no comércio também local. A Lei n. 14.133/2021 permite que o edital preveja a utilização de mão de obra, materiais, tecnologias e matérias-primas existentes no local da execução, conservação e operação do bem, serviço ou obra. Contudo, deve estar demonstrado em estudo técnico preliminar que não serão causados prejuízos à competitividade do processo licitatório e à eficiência do respectivo contrato. Então, se tal exigência estiver no edital, cabe ao parecerista verificar se está embasada em estudo técnico preliminar, já que se trata de uma cláusula potencialmente restritiva.

É interessante inserir um tópico no parecer para tratar sobre a publicidade, chamando a atenção para a exigência de que todos os

---

58 § 5º É dispensável a análise jurídica nas hipóteses previamente definidas em ato da autoridade jurídica máxima competente, que deverá considerar o baixo valor, a baixa complexidade da contratação, a entrega imediata do bem ou a utilização de minutas de editais e instrumentos de contrato, convênio ou outros ajustes previamente padronizados pelo órgão de assessoramento jurídico.

59 É importante lembrar que frustrar o caráter competitivo do certame pode configurar o crime do art. 337-F (Frustrar ou fraudar, com o intuito de obter para si ou para outrem vantagem decorrente da adjudicação do objeto da licitação, o caráter competitivo do processo licitatório), cuja pena é de reclusão, de 4 (quatro) anos a 8 (oito) anos, e multa.

elementos do edital, incluídos minuta de contrato, termos de referência, anteprojeto, projetos e outros anexos, sejam divulgados em sítio eletrônico oficial na mesma data de divulgação do edital, sem necessidade de registro ou de identificação para acesso.

Essas são disposições comuns a todos os editais. Contudo, um edital de licitação de obras e serviços de engenharia tem peculiaridades que merecem atenção especial e as principais serão a seguir tratadas.

6.5.1 Escolha da modalidade licitatória

A escolha da modalidade licitatória ocorre na fase de planejamento. É importante que o parecerista observe se não houve a criação de modalidade de licitação ou a combinação das existentes, já que há expressa vedação legal nesse sentido.

No contexto da Lei n. 8.666/1993, as modalidades licitatórias eram bem rígidas, definidas, inicialmente, a partir do valor estimado da contratação e, com a criação do pregão, a partir do objeto que se pretendia contratar (contratam-se por meio de pregão bens e serviços comuns). Com a Lei n. 14.133/2021, passou-se a adotar um procedimento mais flexível, com a possibilidade de inversão de fases[60] e adoção de modos de disputa aberto e fechado[61].

Das modalidades licitatórias previstas na Lei n. 14.133/2021 (pregão, concorrência, concurso, leilão e diálogo competitivo), podem ser utilizadas para a licitação de obras e serviços de engenharia:

a) Concorrência: obras e serviços comuns e especiais de engenharia.
b) Pregão: serviços comuns de engenharia.
c) Diálogo competitivo: obras e serviços de engenharia.

---

60 O art. 17, § 1º, da Lei n. 14.133/2021 prevê que a fase de habilitação poderá, mediante ato motivado com explicitação dos benefícios decorrentes, anteceder as fases de apresentação de propostas e lances e de julgamento, desde que expressamente previsto no edital de licitação.

61 Art. 56. O modo de disputa poderá ser isolada ou conjuntamente: I – aberto, hipótese em que os licitantes apresentarão suas propostas por meio de lances públicos e sucessivos, crescentes ou decrescentes; II – fechado, hipótese em que as propostas permanecerão em sigilo até a data e hora designadas para sua divulgação.

Ressalta-se que é possível a utilização do pregão para serviços comuns de engenharia.

Ao explicar sobre a aproximação do formato procedimental da concorrência e do pregão, Torres (2021, p. 195) expõe que:

> Ambas seguem o rito procedimental comum e pode ter inversão de fases e diferentes modos de disputa. Na prática, a diferença é definida materialmente pelo legislador, por exemplo, em relação aos objetos que serão selecionados pela modalidade (no caso do pregão, bens e serviços comuns) e os critérios de adjudicação admitidos (pregão admite apenas menor preço e maior desconto).

Então, quando da análise do edital, o parecerista deve observar, a partir de qual modalidade se processará a licitação, se é compatível com o objeto a ser licitado, bem como qual foi o critério de julgamento[62] adotado e se é compatível com a modalidade. Lembrando que essa análise se dará sob o aspecto jurídico e considerando o enquadramento do objeto feito pela área técnica (por exemplo, não cabe ao parecerista dizer se o serviço de engenharia é ou não comum).

Uma novidade trazida pela Lei n. 14.133/2021 é a modalidade do diálogo competitivo, por meio da qual é possível contratar obras e serviços de engenharia. No diálogo competitivo, a Administração Pública realiza diálogos com licitantes, previamente selecionados mediante critérios objetivos, com o intuito de desenvolver uma ou mais alternativas capazes de atender às suas necessidades, devendo os licitantes apresentar proposta final após o encerramento dos diálogos.

O diálogo competitivo é uma modalidade que chegou ao ordenamento jurídico brasileiro a partir de uma inspiração na Diretiva n. 24/2014 da União Europeia, permeada de muita expectativa. Contudo,

---

[62] Art. 33. O julgamento das propostas será realizado de acordo com os seguintes critérios:

I – menor preço;

II – maior desconto;

III – melhor técnica ou conteúdo artístico;

IV – técnica e preço;

V – maior lance, no caso de leilão;

VI – maior retorno econômico.

não se trata da solução para todos os problemas das contratações públicas, nem é aplicável a todos os tipos de objeto. O diálogo competitivo é modalidade restrita a contratações em que a Administração visa a contratar objeto que, conforme o art. 32, inciso I, da Lei nº 14.133/2021, envolva as seguintes condições:

a) inovação tecnológica ou técnica;
b) impossibilidade de o órgão ou entidade ter sua necessidade satisfeita sem a adaptação de soluções disponíveis no mercado; e
c) impossibilidade de as especificações técnicas serem definidas com precisão suficiente pela Administração.

De acordo com o inciso II do art. 32 da Lei nº 14.133/2021, também será possível a utilização da modalidade diálogo competitivo quando se verifique a necessidade de definir e identificar os meios e as alternativas que possam satisfazer suas necessidades, com destaque para os seguintes aspectos:

a) a solução técnica mais adequada;
b) os requisitos técnicos aptos a concretizar a solução já definida;
c) a estrutura jurídica ou financeira do contrato.

A opção pela modalidade diálogo competitivo é permeada por aspectos técnicos, sobre os quais ao parecerista jurídico não cabe se manifestar. Contudo, a própria lei traz os requisitos para a utilização dessa modalidade, razão pela qual defendemos que o parecerista pode pontuar sobre a escolha da modalidade em seu parecer ou, sem se manifestar na forma de parecer, devolver o processo para a área técnica, a fim de que esta se manifeste expressamente sobre a presença dos requisitos técnicos previstos em lei.

6.5.2 Requisitos de habilitação

No processo licitatório, as exigências de habilitação contidas no edital apresentam amplas possibilidades de ensejar pedidos de esclarecimentos, impugnações do edital, mandados de segurança e, infelizmente, fraudes, como é o caso dos direcionamentos de licitação.

Ao analisar as regras de habilitação previstas no edital, o parecerista deve ter como orientação o objetivo da fase de habilitação, que é avaliar a capacidade do licitante de realizar o objeto da licitação[63]. Via de consequência, não devem constar no edital exigências que não guardem relação com o objeto licitado, bem como extrapolem o rol previsto em lei.

O art. 62 da Lei n. 14.133/2021 divide a habilitação em: jurídica, técnica, fiscal, social e trabalhista e econômico-financeira.

a) Momento da habilitação e disposições gerais

Diferentemente do que ocorria na Lei n. 8.666/1993, nas licitações da Lei n. 14.133/2021, em regra, a habilitação ocorre após a fase de julgamento das propostas.

Caso a minuta de edital preveja que a habilitação preceda a fase de julgamento, é preciso que o parecerista observe se há ato motivado, explicitando os benefícios decorrentes dessa decisão, conforme exige o art. 17, § 1º, da Lei n. 14.133/2021.

Sendo a licitação processada pela regra, ou seja, ocorrendo a fase de habilitação depois do julgamento das propostas, é preciso verificar se no edital consta que somente será exigida a apresentação dos documentos de habilitação do licitante vencedor. Se houver a inversão de fases, ou seja, se a habilitação for antes do julgamento das propostas, serão exigidos os documentos de habilitação de todos os licitantes.

A regularidade fiscal, contudo, tem uma peculiaridade. Independentemente de a habilitação ocorrer ou não antes do julgamento das propostas, os documentos relativos à regularidade fiscal serão exigidos somente em momento posterior ao julgamento das propostas e apenas do licitante mais bem classificado.

---

63 É sempre bom lembrar o fundamento constitucional das licitações, inserto no inciso XXI do art. 37, segundo o qual: "ressalvados os casos especificados na legislação, as obras, serviços, compras e alienações serão contratados mediante processo de licitação pública que assegure igualdade de condições a todos os concorrentes, com cláusulas que estabeleçam obrigações de pagamento, mantidas as condições efetivas da proposta, nos termos da lei, **o qual somente permitirá as exigências de qualificação técnica e econômica indispensáveis à garantia do cumprimento das obrigações**". (grifo nosso).

Deve constar da minuta de edital sob análise a exigência de que o licitante apresente declaração de que cumpre as exigências de reserva de cargos para pessoa com deficiência e para reabilitado da Previdência Social, previstas em lei e em outras normas específicas.

b) Exigência de declaração do licitante sobre a integralidade de sua proposta

O parecerista jurídico deve observar se o edital contém cláusula que exija dos licitantes declaração de que suas propostas econômicas compreendem a integralidade dos custos para atendimento dos direitos trabalhistas assegurados na Constituição Federal, nas leis trabalhistas, nas normas infralegais, nas convenções coletivas de trabalho e nos termos de ajustamento de conduta vigentes na data de entrega das propostas.

Caso não apresente essa declaração, o licitante será desclassificado e essa advertência deve constar no edital e, portanto, na minuta sob a análise do parecerista.

c) Exigência de visita ou vistoria técnica

O art. 63 da Lei n. 14.133/2021, em seu § 2º, traz que, quando a avaliação prévia do local de execução for imprescindível para o conhecimento pleno das condições e peculiaridades do objeto a ser contratado, o edital de licitação poderá prever, sob pena de inabilitação, a necessidade de o licitante atestar que conhece o local e as condições de realização da obra ou serviço.

Para tanto, será assegurado ao licitante o direito de realização de vistoria prévia.

Chamamos a atenção para a expressão "imprescindível", utilizada pelo legislador. Como consequência, a avaliação prévia do local de execução não será exigida em todas as licitações, mas sim apenas naquelas em for imprescindível para o conhecimento pleno das condições e peculiaridades do objeto a ser contratado.

Merece destaque também que a exigência a ser incluída no edital consistirá no ateste pelo licitante de que conhece o local e as condições de realização da obra ou serviço. É dizer: não se poderá exigir do licitante a realização da vistoria prévia. A realização de vistoria prévia será um direito do licitante, e não uma obrigação a ele imposta.

O § 3º do art. 63, inclusive, prevê que o edital de licitação *sempre* deverá prever a possibilidade de substituição da vistoria por declaração formal assinada pelo responsável técnico do licitante acerca do conhecimento pleno das condições e peculiaridades da contratação.

Contudo, caso o licitante opte pela realização da vistoria prévia, a Administração Pública deverá disponibilizar data e horário diferentes para os eventuais interessados. Assim, a Administração Pública dificulta o conluio entre os licitantes, materializado comumente por meio da "combinação de propostas".

Sobre o tema vistoria/visita técnica, o TCU, no Acórdão n. 2.361/2018, recomendou a um município que evitasse prever a realização de visita técnica como condição de habilitação no certame. Tal exigência extrapola o rol exaustivo do art. 30[64], inciso III, da Lei n. 8.666/1993. Ainda que conste como exigência, deve ser acompanhado de prévia e suficiente justificativa, bem como é possível a substituição da visita técnica pela declaração do responsável técnico da empresa de que possui pleno conhecimento do objeto.

Tal entendimento, externado no contexto da Lei n. 8.666/1993, é plenamente harmônico e aplicável no contexto da Lei n. 14.133/2021.

Ao parecerista cabe observar se o edital prevê a realização de vistoria, se a área técnica demonstrou ser imprescindível tal vistoria para o conhecimento pleno das condições e peculiaridades do objeto a ser contratado, se foi prevista a possibilidade de substituição da vistoria por declaração expressa do licitante, bem como se foram disponibilizados datas e horários diferentes para os eventuais interessados.

d) Diligências – art. 64 da Lei n. 14.133/2021

A Lei n. 14.133/2021, em seu art. 64, traz a possibilidade de realização de diligência. Quanto a esse aspecto, merece também atenção e análise, pois a própria lei apresenta os balizamentos para a realização de diligências pela comissão de contratação[65].

O primeiro balizamento é o de que, após a entrega dos documentos para habilitação, não será permitida a substituição ou a apresentação de novos documentos, salvo em sede de diligência.

---

64 Alguns exemplos de Acórdãos citados pelo TCU: 983/2008, 2.395/2010, 2.990/2010, 1.842/2013, 234/2015 e 372/2015, todos do Plenário.

65 Apesar de o art. 64, § 1º, da Lei n. 14.133/2021 usar a expressão "comissão de licitação", o autor Ronny Charles Lopes de Torres (2021) entende que foi um erro do legislador. A denominação a ser adotada deve ser "comissão de contratação".

As diligências podem ser de duas ordens: a) complementação de informações acerca de documentos já apresentados; b) atualização de documentos cuja validade tenha expirado.

Um exemplo interessante de diligência em sede de habilitação técnica é trazido por Torres (2021, p. 345):

> Nessa feita, por exemplo, se os documentos de habilitação técnica foram juntados, mas há dúvidas sobre seu conteúdo, a diligência pode admitir a juntada de novo documento. Contudo, caso a empresa não tenha juntado os respectivos documentos, não cabe diligência para tal finalidade.

As diligências devem ser conduzidas nos estritos limites legais, sob pena de ferir os princípios da igualdade, impessoalidade e moralidade. Assim, é prudente recomendar que conste no edital as hipóteses de cabimento de diligência e como serão realizadas pelos agentes.

e) Qualificação técnica - art. 67 da Lei n. 14.133/2021

A qualificação técnica tem grande importância nas licitações de obras e serviços de engenharia. Conforme a lei, a qualificação técnica pode ser: técnico-profissional (relativa aos profissionais) ou técnico-operacional[66] (relativa à empresa).

Ao analisar a minuta de edital no tópico que tratar sobre a habilitação técnica, o parecerista jurídico deve observar se os documentos exigidos são estritamente aqueles previstos no art. 67 da Lei n. 14.133/2021, já que a lei trouxe um rol exaustivo. Assim, caso sejam feitas exigências além daquelas previstas em lei, estará configurada restrição indevida à competitividade do certame.

Além de não ser possível exigir outros documentos que não aqueles previstos no art. 67, a Lei n. 14.133/2021 também limita a exigência de atestados apenas às parcelas de maior relevância ou valor significativo

---

66 No contexto da Lei n. 8.666/1993, o TCU editou a Súmula n. 263, com o seguinte teor: "Para a comprovação da capacidade técnico-operacional das licitantes, e desde que limitada, simultaneamente, às parcelas de maior relevância e valor significativo do objeto a ser contratado, é legal a exigência de comprovação da execução de quantitativos mínimos em obras ou serviços com características semelhantes, devendo essa exigência guardar proporção com a dimensão e a complexidade do objeto a ser executado".

do objeto da licitação. Será significativo aquele valor individual igual ou superior a 4% (quatro por cento) do valor total estimado da contratação.

Ainda sobre os atestados acerca das parcelas de maior relevância ou valor significativo, o § 2º do art. 67 prevê que será admitida a exigência de atestados com quantidades mínimas de até 50% das parcelas de maior relevância ou valor significativo, vedadas limitações de tempo (por exemplo, "só serão admitidos atestados emitidos nos últimos 2 anos") e de locais específicos (por exemplo, "só serão admitidos atestados relativos à obra ou a serviço executado no Estado X ou Município X"). Caso a minuta de edital contenha disposições nesse sentido, o parecerista deve recomendar a exclusão de tais cláusulas.

Para aspectos técnicos específicos, o edital poderá prever que a qualificação técnica seja demonstrada por meio de atestados relativos a potencial subcontratado, limitado a 25% (vinte e cinco por cento) do objeto a ser licitado. Se o edital assim previr, é possível que mais de um licitante indique e apresente atestado de um mesmo potencial subcontratado.

e.1) Exigência de demonstração de vínculo empregatício para a demonstração da capacidade técnico-profissional

Um exemplo de cláusula restritiva de competitividade referente à habilitação técnica é a exigência, como requisito de habilitação, de que a empresa licitante possua engenheiro civil no seu quadro permanente, com vínculo empregatício.

Com relação aos profissionais indicados pelo licitante, em cumprimento aos incisos I e III[67] do art. 67, o que se exige na fase contratual é que os profissionais indicados na fase de habilitação participem da obra ou do

[67] Art. 67. A documentação relativa à qualificação técnico-profissional e técnico-operacional será restrita a:

I – apresentação de profissional, devidamente registrado no conselho profissional competente, quando for o caso, detentor de atestado de responsabilidade técnica por execução de obra ou serviço de características semelhantes, para fins de contratação;

II – [...]

III – indicação do pessoal técnico, das instalações e do aparelhamento adequados e disponíveis para a realização do objeto da licitação, bem como da qualificação de cada membro da equipe técnica que se responsabilizará pelos trabalhos;

serviço objeto da licitação caso o licitante seja vencedor. Reconhecendo a dinamicidade do mercado e das relações de trabalho, o § 6º do art. 67 autoriza que os profissionais indicados pelo licitante vencedor, quando da sua habilitação, possam ser substituídos por profissionais de experiência equivalente ou superior, desde que aprovados pela Administração Pública.

Ainda com relação aos profissionais, o § 8º do art. 67 admite a exigência da relação dos compromissos assumidos pelo licitante que importem em diminuição da disponibilidade do pessoal técnico. Esse dispositivo encontra amparo no dia a dia da execução de obras e serviços de engenharia. É comum que empresas ganhem diversas licitações simultaneamente e, quando iniciam a execução, atrasam o cumprimento de suas obrigações, pois não possuem corpo técnico diante da abertura de tantas "frentes de serviço".

A Lei n. 14.133/2021 traz uma cautela a mais com relação aos profissionais. O § 12 do art. 67 dispõe que, na documentação de que trata o inciso I do *caput* do art. 67, não serão admitidos atestados de responsabilidade técnica de profissionais que, na forma de regulamento, tenham dado causa à aplicação das sanções impedimento de licitar e contratar e declaração de inidoneidade para licitar ou contratar, em decorrência de orientação proposta, de prescrição técnica ou de qualquer ato profissional de sua responsabilidade.

Desde a Lei n. 8.666/1993, o TCU já vinha entendendo como restritiva a cláusula que exigia a demonstração do vínculo empregatício do profissional como requisito de habilitação técnica. No Acórdão n. 3.144/2021, o Plenário do TCU deu ciência a um município de que tal previsão em edital restringe a competitividade do certame, em afronta os arts. 3º, § 1º, inciso I, e 30, § 1º, inciso I, da Lei n. 8.666/1993. O referido acórdão foi proferido no contexto da Lei n. 8.666/1993, porém é plenamente aplicável e compatível com a estrutura normativa da Lei n. 14.133/2021.

e.2) Exigência de que atestados de capacidade técnica estejam acompanhados de cópias de notas fiscais

Outro exemplo de cláusula restritiva de competitividade referente à habilitação técnica é a exigência de que o licitante apresente atestados de capacidade técnica juntamente com as notas fiscais e/ou contratos.

No Acórdão n. 2.435/2021, o Plenário do TCU reafirmou o entendimento prolatado no Acórdão n. 1.224/2015, segundo o qual:

> É ilegal a exigência de que atestados de capacidade técnica estejam acompanhados de cópias de notas fiscais ou contratos que os lastreiem, uma vez que a relação de documentos de habilitação constante dos artigos 27 a 31 da Lei n. 8.666/1993 é taxativa.

Embora o acórdão se refira à Lei n. 8.666/1993, tal entendimento se aplica à Lei n. 14.133/2021, já que esta também trouxe um rol taxativo de documentos aptos a comprovar a qualificação técnica.

e.3) Atestado de desempenho anterior emitido em favor de consórcio

É possível que um licitante concorra em uma licitação sozinho ou reunido em consórcio com outras empresas. Via de consequência, caso ganhe uma licitação em consórcio com outras empresas, é o consórcio que figurará no contrato, bem como será em nome dele que será emitido eventual atestado.

Em caso de apresentação por licitante de atestado de desempenho anterior emitido em favor de consórcio do qual tenha feito parte, se o atestado ou o contrato de constituição do consórcio não identificar a atividade desempenhada por cada consorciado individualmente, conforme o art. 67, § 10, da Lei n. 14.133/2021, serão adotados os seguintes critérios na avaliação de sua qualificação técnica:

> I – caso o atestado tenha sido emitido em favor de consórcio homogêneo, as experiências atestadas deverão ser reconhecidas para cada empresa consorciada na proporção quantitativa de sua participação no consórcio, salvo nas licitações para contratação de serviços técnicos especializados de natureza predominantemente intelectual, em que todas as experiências atestadas deverão ser reconhecidas para cada uma das empresas consorciadas;
>
> II – caso o atestado tenha sido emitido em favor de consórcio heterogêneo, as experiências atestadas deverão ser reconhecidas para cada consorciado de acordo com os respectivos campos de atuação, inclusive nas licitações para contratação de serviços técnicos especializados de natureza predominantemente intelectual.

Sobre essa temática, o parecerista deve observar se consta no edital tal previsão, já que é cada vez mais comum no mercado empresas se consorciarem para participar de licitação, já que a formação de parcerias dilui custos e possibilita que empresas participem de certames com valores mais atrativos.

f) Habilitação fiscal, social e trabalhista

Conforme o art. 68 da Lei n. 14.133/2021, é possível exigir nas habilitações fiscal, social e trabalhista:

a) a inscrição no Cadastro de Pessoas Físicas (CPF) ou no Cadastro Nacional da Pessoa Jurídica (CNPJ);
b) a inscrição no cadastro de contribuintes estadual e/ou municipal, se houver, relativo ao domicílio ou sede do licitante, pertinente ao seu ramo de atividade e compatível com o objeto contratual;
c) a regularidade perante a Fazenda federal, estadual e/ou municipal do domicílio ou sede do licitante, ou outra equivalente, na forma da lei;
d) a regularidade relativa à Seguridade Social e ao FGTS, que demonstre cumprimento dos encargos sociais instituídos por lei;
e) a regularidade perante a Justiça do Trabalho;
f) o cumprimento do disposto no inciso XXXIII do art. 7º da Constituição Federal, que trata da proibição de trabalho noturno, perigoso ou insalubre a menores de 18 anos e de qualquer trabalho a menores de 16 anos, salvo na condição de aprendiz, a partir de 14 anos.

Na análise das cláusulas editalícias que tratam sobre a habilitação, o parecerista jurídico deve sempre observar se não foram exigidas outras além daquelas expressamente indicadas nos arts. 62 a 70 da Lei n. 14.133/2021. Trata-se de um rol exaustivo, cuja violação importa em restrição indevida da competitividade.

A taxatividade do rol é assente na doutrina. O mesmo não se pode dizer sobre a possibilidade de se exigir menos do que o previsto em lei. Por exemplo, em decisão recente, o TCU, no Acórdão n. 2.185/2020, Plenário, entendeu como não obrigatória a exigência de regularidade para com a Fazenda Municipal, em um pregão realizado por órgão federal.

No corpo do referido acórdão, foi citada outra decisão do TCU, Acórdão n. 4/2006, proferido pela 2ª Câmara, alertando para que as:

> exigências de regularidade fiscal nos certames licitatórios não sejam excessivas para não se confundirem com instrumento indireto de cobrança de tributos e créditos fiscais, o que configuraria desvio de poder, e também para não restringirem o caráter competitivo da licitação.

Torres (2021, p. 361) traz essa discussão em sua obra. Ao tratar sobre a regularidade trabalhista, demonstrável por meio da Certidão Negativa de Débitos Trabalhistas (CNDT), reconhece que:

> É certo que o justo objetivo de ampliar a eficácia das execuções trabalhistas fortalecerá o raciocínio favorável à admissibilidade da regularidade trabalhista em qualquer licitação, contudo, não se deve olvidar a função/finalidade que foi expressamente imposta aos requisitos de habilitação, pelo texto constitucional. Nessa feita, em pretensões contratuais para as quais a exigência de regularidade trabalhista não beneficie em nada a garantia do cumprimento das obrigações, tal imposição pode ser suprimida.

Assim, na análise das cláusulas de regularidade fiscal, social e trabalhista a ser exigida dos licitantes, o parecerista jurídico deve considerar a taxatividade do rol e a *discussão* sobre a possibilidade de se exigir a regularidade fiscal de acordo com o objeto a ser licitado e com a fazenda em questão.

g) Habilitação econômico-financeira

Conforme o art. 69 da Lei n. 14.133/2021, a habilitação econômico-financeira visa a demonstrar a aptidão econômica do licitante para cumprir as obrigações decorrentes do futuro contrato.

É sabido que contratar com a Administração Pública tem peculiaridades que, via de consequência, exigem do contratado condições especiais. Como exemplos de peculiaridades, podemos citar a proibição de pagamento antecipado, um processo de pagamento burocrático (empenho, liquidação e pagamento) em relação aos pagamentos da iniciativa privada, e a possibilidade de atraso no pagamento em até 2 (dois) meses sem que o contratado possa interromper a execução do objeto.

Assim, é necessário que quem contrata com a Administração Pública tenha uma boa saúde financeira, que o legislador chamou de aptidão econômica do licitante para cumprir as obrigações decorrentes do futuro contrato.

Mais uma vez, o legislador trouxe um rol taxativo. Caso a minuta de edital sob análise esteja exigindo requisitos não previstos em lei, o parecerista jurídico deverá recomendar a sua retirada.

O parecerista deve observar ainda se há, no processo licitatório, justificativa da área técnica sobre os coeficientes e índices econômicos previstos no edital, já que se trata de uma exigência trazida no *caput* do art. 69.

6.5.3 Critérios de julgamento das propostas

Como decorrência do princípio do julgamento objetivo, que veda a consideração de vantagens não previstas e exigidas no edital, bem como coíbe favoritismos, é preciso que o edital preveja os critérios objetivos para a avaliação das propostas dos licitantes.

Os critérios de julgamento estão previstos nos arts. 33 a 39 da Lei n. 14.133/2021.

Chamamos a atenção para o julgamento por menor preço ou maior desconto (este último muito comum em obras e serviços de engenharia). Conforme o art. 34, o julgamento por menor preço ou maior desconto e, quando couber, por técnica e preço considerará o menor dispêndio para a Administração Pública, atendidos os parâmetros mínimos de qualidade definidos no edital de licitação.

Para a definição do menor dispêndio, poderão ser considerados os custos indiretos, relacionados com as despesas de manutenção, utilização, reposição, depreciação e impacto ambiental do objeto licitado, entre outros fatores vinculados ao seu ciclo de vida. Para tanto, devem sempre ser objetivamente mensuráveis e conforme disposto em regulamento.

É preciso que o parecerista verifique no edital sobre a disposição dos critérios de julgamento, que compõem um rol legal taxativo.

6.5.4 Julgamento das propostas

A fase de julgamento das propostas, que em regra precede à de habilitação, segue as regras previstas nos arts. 59 e 60 da Lei n. 14.133/2021.

No julgamento das propostas, aplica-se o princípio do formalismo moderado, pois somente serão desclassificadas as propostas que contiverem vícios insanáveis.

Também serão desclassificadas as propostas que:

a) não obedecerem às especificações técnicas pormenorizadas no edital;
b) apresentarem preços inexequíveis ou permanecerem acima do orçamento estimado para a contratação;
c) não tiverem sua exequibilidade demonstrada, quando exigido pela Administração;
d) apresentarem desconformidade com quaisquer outras exigências do edital, desde que insanável.

Embora a lei não indique, é possível que o edital elenque vícios que considerará insanáveis, a fim de evitar surpresas e questionamentos.

Especificamente sobre as obras e serviços de engenharia, o § 3º do art. 59 dispõe que, para efeito de avaliação da exequibilidade e de sobrepreço, serão considerados o preço global, os quantitativos e os preços unitários tidos como relevantes, observado o critério de aceitabilidade de preços unitário e global a ser fixado no edital[68], conforme as especificidades do mercado correspondente.

As regras da habilitação e do julgamento das propostas constituem, a nosso ver, a essência do edital. Por isso, ao analisar o edital, o parecerista deve observar se foram indicados os critérios de julgamento, se foram seguidas as regras previstas sobre o julgamento das propostas (art. 59), para o desempate (art. 60) e, por fim, sobre a negociação de condições mais vantajosas com o primeiro colocado (art. 61).

6.5.5 Opção pelo orçamento sigiloso

Orçamento sigiloso, de forma bem resumida, é a omissão pela Administração Pública do valor máximo que se propõe a pagar pelo objeto, divulgando apenas os quantitativos, a partir dos quais os licitantes

---

[68] A esse respeito, a Súmula 259 do TCU: "Nas contratações de obras e serviços de engenharia, a definição do critério de aceitabilidade dos preços unitários e global, com fixação de preços máximos para ambos, é obrigação e não faculdade do gestor".

formularão suas propostas. Na Lei n. 8.666/1993, a divulgação do orçamento estimado era a regra. Na Lei n. 14.133/2021, há a possibilidade de adoção do orçamento sigiloso.

Assim como a elaboração de projeto básico, a elaboração de orçamento é procedimento difícil na prática administrativa. Portanto, não é demais lembrar que a opção pelo orçamento sigiloso não significa a autorização para não o fazer[69] ou para fazê-lo sem o cuidado que isso exige; afinal, e não só por isso, o sigilo não prevalecerá para os órgãos de controle interno e externo.

Sobre o orçamento sigiloso, o órgão de assessoramento jurídico deve verificar se há justificativa para a sua adoção, já que esta é uma exigência do art. 24 da Lei n. 14.133/2021. Contudo, o órgão de assessoramento jurídico não deve adentrar as questões técnicas sobre a justificativa da adoção ou não do orçamento sigiloso. Apenas a título orientativo, sugerimos verificar o Acórdão n. 1.541/2014, do Plenário do TCU, no qual consta a orientação de avaliar a vantagem de manter o sigilo do valor estimado de obras cujos serviços predominantes não tenham referência nos sistemas oficiais de preços (SINAPI/SICRO).

Na hipótese de licitação em que for adotado o critério de julgamento por maior desconto, o preço estimado ou o máximo aceitável constará do edital da licitação.

6.5.6 Regimes de execução

Os regimes de execução são um conjunto de regras que balizam não só a fase preparatória (necessidade ou não de projeto básico, possibilidade de alteração do projeto etc.), mas também a execução e o acompanhamento pelo fiscal da Administração.

O art. 46 da Lei n. 14.133/2021 dispõe que, na execução indireta de obras e serviços de engenharia, são admitidos os seguintes regimes:

a) empreitada por preço unitário;
b) empreitada por preço global;
c) empreitada integral;

[69] No Acórdão n. 2.832/2015, o Plenário do TCU destacou a falha de elaborar o orçamento após a publicação do edital, em desacordo com o § 5º do art. 8º e com o parágrafo único do art. 2º da Lei n. 12.462/2011.

d) contratação por tarefa;
e) contratação integrada;
f) contratação semi-integrada;
g) fornecimento e prestação de serviço associado.

A escolha de qual regime de execução caberá na contratação é feita pela área técnica, na fase preparatória da licitação. Sobre os aspectos técnicos de tal escolha, não cabe ao parecerista jurídico reprovar, muito embora possa recomendar, dentro dos parâmetros legais, a adoção de outro regime, quando aquele escolhido pela área técnica não se adequar aos requisitos legais.

Partindo do pressuposto de que a escolha do regime de execução tenha sido a adequada para o objeto e que atende aos parâmetros legais, é preciso que o parecerista observe se constam, na minuta de edital e de contrato sob análise, as regras específicas acerca de cada regime de execução.

Na contratação integrada, a Administração é dispensada da elaboração de projeto básico, hipótese em que a licitação ocorrerá com base em um anteprojeto. O anteprojeto deverá ser elaborado de acordo com metodologia definida em ato do órgão competente, observados os requisitos estabelecidos no inciso XXIV do art. 6º da Lei n. 14.133/2021.

Assim, caberá ao licitante vencedor, futuro contratado, a elaboração do projeto básico, do projeto executivo e da execução do objeto. É necessário constar que, após a elaboração do projeto básico pelo contratado, o conjunto de desenhos, especificações, memoriais e cronograma físico-financeiro deverá ser submetido à aprovação da Administração Pública, que avaliará sua adequação em relação aos parâmetros definidos no edital e sua conformidade com as normas técnicas, vedadas alterações que reduzam a qualidade ou a vida útil do empreendimento e mantida a responsabilidade integral do contratado pelos riscos associados ao projeto básico.

Nos regimes de contratação integrada e semi-integrada, o parecerista deve observar se o edital e o contrato, sempre que for o caso, previram as providências necessárias para a efetivação de desapropriação autorizada pelo poder público, bem como, conforme o art. 46, § 4º, da Lei n. 14.133/2021:

> I – o responsável por cada fase do procedimento expropriatório;
>
> II – a responsabilidade pelo pagamento das indenizações devidas;
>
> III – a estimativa do valor a ser pago a título de indenização pelos bens expropriados, inclusive de custos correlatos;
>
> IV – a distribuição objetiva de riscos entre as partes, incluído o risco pela diferença entre o custo da desapropriação e a estimativa de valor e pelos eventuais danos e prejuízos ocasionados por atraso na disponibilização dos bens expropriados;
>
> V – em nome de quem deverá ser promovido o registro de imissão provisória na posse e o registro de propriedade dos bens a serem desapropriados.

Na contratação semi-integrada, cabe à Administração Pública a elaboração do projeto básico, cabendo ao contratado a elaboração e o desenvolvimento do projeto executivo. Nesse regime de execução, mediante prévia autorização da Administração Pública, o projeto básico poderá ser alterado, desde que demonstrada a superioridade das inovações propostas pelo contratado em termos de redução de custos, de aumento da qualidade, de redução do prazo de execução ou de facilidade de manutenção ou operação, assumindo o contratado a responsabilidade integral pelos riscos associados à alteração do projeto básico. Essa autorização para a modificação do projeto básico pelo contratado consta do art. 46, § 6º, da Lei n. 14.133/2021. Embora não conste expressamente no artigo em qual momento se dará a "prévia autorização da Administração", entendemos que deverá estar previsto no edital e no contrato, cujas minutas estão sob análise do parecerista.

Os regimes de execução de empreitada por preço global, empreitada integral, contratação por tarefa, contratação integrada e semi-integrada serão licitados por preço global e adotarão sistemática de medição e pagamento associada à execução de etapas do cronograma físico-financeiro vinculadas ao cumprimento de metas de resultado, vedada a adoção de sistemática de remuneração orientada por preços unitários ou referenciada pela execução de quantidades de itens unitários. Tal vedação deve constar no edital e no contrato (é importante lembrar que o instrumento de contrato é a principal orientação do fiscal do contrato quando do acompanhamento da execução do objeto).

Em qualquer modalidade, é vedada a realização de obras e serviços de engenharia sem projeto executivo, ressalvada a hipótese prevista no § 3º[70] do art. 18 da Lei n. 14.133/2021. O parecerista deve observar o cumprimento desse requisito pela área técnica.

6.5.7 Cláusula de reajuste

Independentemente do prazo de duração do contrato, será obrigatória a previsão no edital de índice de reajustamento de preço, com data-base vinculada à data do orçamento estimado e com a possibilidade de ser estabelecido mais de um índice específico ou setorial, em conformidade com a realidade de mercado dos respectivos insumos. Essa é a regra geral[71] prevista no art. 25, § 7º, da Lei n. 14.133/2021.

Quando da análise jurídica da contratação, é necessário que o parecerista verifique se há no edital o índice de reajustamento de preço. É uma exigência legal (art. 25, § 7º) e há entendimento do TCU nesse sentido (no Acórdão n. 2.205/2016, o Plenário do TCU entendeu que o estabelecimento dos critérios de reajuste dos preços no edital e no instrumento contratual não constitui discricionariedade conferida ao gestor, mas sim uma obrigação que incide, inclusive, sobre os contratos com prazo de duração inferior a 12 meses).

6.5.8 Contratação de mulheres e de oriundos ou egressos do sistema prisional

O edital poderá exigir que percentual mínimo da mão de obra responsável pela execução do objeto da contratação seja constituído por mulheres vítimas de violência doméstica e por oriundos ou egressos do sistema prisional. Essa regra consta do art. 25, § 9º, da Lei n. 14.133/2021.

Havendo previsão nesse sentido, o parecerista deve observar se há regulamento interno sobre o tema e pontuar a necessidade de respeitá-lo.

---

70 Art. 18, § 3º: "Em se tratando de estudo técnico preliminar para contratação de obras e serviços comuns de engenharia, se demonstrada a inexistência de prejuízo para a aferição dos padrões de desempenho e qualidade almejados, a especificação do objeto poderá ser realizada apenas em termo de referência ou em projeto básico, dispensada a elaboração de projetos".

71 Essa regra não se aplica aos contratos de serviço contínuo, aos quais se aplica o disposto no art. 135 da Lei n. 14.133/2021.

6.5.9 Respeito do intervalo mínimo entre a publicação do edital e a data da apresentação das propostas

Embora não seja muito comum, alguns editais ainda desrespeitam o prazo mínimo entre a publicação do edital e a data marcada para a apresentação das propostas.

Seja por ausência de prazo hábil, geralmente no final do exercício fiscal, na iminência de não conseguir empenhar os recursos, ou também, infelizmente, na tentativa de dificultar que licitantes, não escusamente alinhados com autoridades, formulem adequadamente suas propostas, ainda há editais que desrespeitam o intervalo mínimo.

Os prazos de intervalo mínimo para apresentação de propostas estão previstos no art. 55 da Lei n. 14.133/2021 e serão contados a partir da data de divulgação do edital de licitação. No caso de serviços e obras, são:

> a) 10 (dez) dias úteis, quando adotados os critérios de julgamento de menor preço ou de maior desconto, no caso de serviços comuns e de obras e serviços comuns de engenharia;
>
> b) 25 (vinte e cinco) dias úteis, quando adotados os critérios de julgamento de menor preço ou de maior desconto, no caso de serviços especiais e de obras e serviços especiais de engenharia;
>
> c) 60 (sessenta) dias úteis, quando o regime de execução for de contratação integrada;
>
> d) 35 (trinta e cinco) dias úteis, quando o regime de execução for o de contratação semi-integrada ou nas hipóteses não abrangidas pelas alíneas "a", "b" e "c" do inciso II do art. 55.

Para licitação em que se adote o critério de julgamento de técnica e preço ou de melhor técnica, o prazo é de 35 (trinta e cinco) dias úteis. Eventuais modificações no edital implicarão nova divulgação na mesma forma de sua divulgação inicial (divulgação no PNCP, conforme o art. 94), além do cumprimento dos mesmos prazos dos atos e procedimentos originais, exceto quando a alteração não comprometer a formulação das propostas.

Ao analisar a minuta de edital, o parecerista deve recomendar o cumprimento do prazo.

6.5.10 Prazo de validade das propostas

O prazo de validade das propostas é aquele no qual o licitante vencedor e os demais colocados ficam responsáveis e vinculados a sua proposta perante a Administração Pública.

Tanto o licitante vencedor quanto os remanescentes ficam vinculados à proposta ofertada. Pode parecer estranho reconhecer que mesmo o licitante que não se sagrou vencedor ainda continua vinculado a sua proposta. Isso se dá porque é facultado à Administração Pública, quando o convocado não assinar o termo de contrato ou não aceitar ou não retirar o instrumento equivalente no prazo e nas condições estabelecidas, convocar os licitantes remanescentes, na ordem de classificação, para a celebração do contrato nas condições propostas pelo licitante vencedor.

O prazo de validade das propostas não é importante também para os licitantes, já que decorrido tal prazo, sem convocação para a contratação, ficarão liberados dos compromissos assumidos, conforme dispõe o art. 90, § 3º, da Lei n. 14.133/2021. Assim, o prazo de validade das propostas também traz obrigação para a Administração Pública.

O prazo de validade da proposta deve estar previsto no edital. Portanto, o parecerista deve observar se a minuta de edital fixa o prazo de validade das propostas. Na Lei n. 8.666/1993, esse prazo era de 60 (sessenta) dias.

A Lei n. 14.133/2021, contudo, relegou ao edital a responsabilidade de indicar tal prazo, e cabe ao parecerista observar se houve tal indicação.

6.5.11 Exigência de implantação de programa de integridade

Nas contratações de obras e serviços de engenharia de grande vulto, nos termos do art. 25, § 4º, da Lei n. 14.133/2021, o edital deverá prever a obrigatoriedade de implantação de programa de integridade pelo licitante vencedor, no prazo de 6 (seis) meses, contado da celebração do contrato, conforme regulamento que disporá sobre as medidas a serem adotadas, a forma de comprovação e as penalidades pelo seu descumprimento.

É interessante que o parecerista recomende a inserção dessa obrigação também na minuta de contrato. Chamamos a atenção para o fato de a implantação do programa de integridade ser uma exigência contratual, e não requisito de habilitação.

6.6 CLÁUSULAS IMPORTANTES A SEREM ANALISADAS NA MINUTA DE CONTRATO

Antes de adentrarmos a análise das cláusulas necessárias em todos os contratos administrativos, é preciso entender o regime jurídico a que se sujeitam tais contratos. Os contratos administrativos estão sujeitos ao regime jurídico administrativo. Nas palavras de Di Pietro (2019, p. 203):

> [...] a expressão regime jurídico administrativo é reservada tão somente para abranger o conjunto de traços, de conotações, que tipificam o Direito Administrativo, colocando a Administração Pública numa posição privilegiada, vertical, na relação jurídico-administrativa.

Ainda nas palavras da referida autora (2019, p. 205), o "conjunto das prerrogativas e restrições a que está sujeita a Administração e que não se encontram nas relações entre particulares constitui o regime jurídico administrativo".

As prerrogativas decorrem de lei. Com relação aos contratos administrativos, decorrentes da Lei n. 14.133/2021, o art. 104 prevê que o regime jurídico dos contratos instituído por essa lei confere à Administração, em relação a eles, as prerrogativas de:

a) alteração unilateral;
b) extinção unilateral;
c) fiscalização de sua execução;
d) aplicação de sanções;
e) ocupação provisória de bens móveis e imóveis e utilização de pessoal e serviços vinculados ao objeto do contrato.

Por decorrerem diretamente da lei, não é imprescindível que tais prerrogativas estejam expressamente previstas no contrato. São tidas, portanto, como cláusulas implícitas. Contudo, isso não impede que o parecerista jurídico observe se constam na minuta de contrato e, diante de sua ausência, recomende sua inserção.

Sobre as cláusulas econômico-financeiras e monetárias dos contratos, a Lei n. 14.133/2021 é expressa ao determinar que não poderão ser alteradas sem prévia concordância do contratado. Esse dispositivo está em harmonia com o art. 37, inciso XXI, da Constituição Federal, que exige a previsão de cláusulas que estabeleçam obrigações de pagamento e que sejam mantidas as condições efetivas da proposta.

Muita embora a Administração Pública tenha prerrogativas diante do particular, isso não a dispensa de elaborar uma minuta de contrato, delimitando as obrigações das partes. Assim, o art. 92 da Lei n. 14.133/2021 traz as cláusulas necessárias a todo contrato administrativo. A ausência de uma delas compromete a legalidade do contrato.

6.6.1 Cláusulas necessárias nos contratos administrativos de obras e serviços de engenharia

Ao analisar a minuta de contrato que será futuramente firmado entre a Administração Pública e o licitante vencedor, o parecerista jurídico deve levar em conta que se trata de um contrato administrativo, que será regulado por suas cláusulas, mas também por preceitos de direito público, e que somente em caráter supletivo serão aplicados os princípios da teoria geral dos contratos e as disposições de direito privado. Os preceitos de direito público envolvem a supremacia e a indisponibilidade do interesse público.

Como consequência de ser um ajuste decorrente de uma licitação, a minuta deve estar em conformidade com os termos do edital de licitação e com os termos da proposta vencedora (ou do próximo colocado, quando o licitante vencedor não acatar a convocação para a assinatura do contrato).

Além disso, o parecerista deve observar se a minuta de contrato tem cláusulas que estabeleçam:

1) O objeto e seus elementos característicos: a Súmula 177 do TCU dispõe que a definição precisa e suficiente do objeto licitado constitui regra indispensável da competição. Na fase contratual, é a definição precisa do objeto que balizará a execução pelo contratado e a fiscalização pelo representante da Administração Pública.
2) A vinculação ao edital de licitação e à proposta do licitante vencedor: as regras do edital, mesmo quando não transcritas na minuta de contrato, devem ser cumpridas tanto pela Administração Pública quanto pelo contratado. A proposta do licitante vencedor será integralmente inserida na minuta do contrato.

3) A legislação aplicável à execução do contrato, inclusive quanto aos casos omissos: aqui não se trata apenas de legislação relativa à licitação, mas também de leis específicas sobre o objeto que será executado, como normas ambientais, por exemplo.
4) O regime de execução: conforme já explicado, os regimes de execução são um conjunto de regras que influenciam tanto na fase de disputa quanto na fase de execução contratual. Na execução indireta de obras e serviços de engenharia, são admitidos os seguintes regimes: empreitada por preço unitário; empreitada por preço global; empreitada integral; contratação por tarefa; contratação integrada; contratação semi-integrada; fornecimento e prestação de serviço associado.
5) O preço e as condições de pagamento, os critérios, a data-base e a periodicidade do reajustamento de preços e os critérios de atualização monetária entre a data do adimplemento das obrigações e a do efetivo pagamento: conforme exposto anteriormente, ainda que o contrato tenha prazo de vigência inferior a 12 (doze) meses, é necessário prever no edital e na minuta de contrato as regras sobre reajustamento.
6) Os critérios e a periodicidade da medição, quando for o caso, e o prazo para liquidação e para pagamento.
7) Os prazos de início das etapas de execução, conclusão, entrega, observação e recebimento definitivo, quando for o caso.
8) O crédito pelo qual correrá a despesa, com a indicação da classificação funcional programática e da categoria econômica.
9) A matriz de risco, quando for o caso.
10) O prazo para resposta ao pedido de repactuação de preços, quando for o caso.
11) O prazo para resposta ao pedido de restabelecimento do equilíbrio econômico-financeiro, quando for o caso.
12) As garantias oferecidas para assegurar sua plena execução, quando exigidas, inclusive as que forem oferecidas pelo contratado no caso de antecipação de valores a título de pagamento.

13) O prazo de garantia mínima do objeto, observados os prazos mínimos estabelecidos na Lei n. 14.133/2021 e nas normas técnicas aplicáveis, bem como as condições de manutenção e assistência técnica, quando for o caso.
14) Os direitos e as responsabilidades das partes, as penalidades cabíveis e os valores das multas e suas bases de cálculo: o art. 156, § 3º, da Lei n. 14.133/2021 exige que o edital e o contrato prevejam a forma de cálculo da multa, que será entre 0,5% e 30% do valor do contrato. A multa pode ser aplicada cumulativamente com outras sanções.
15) As condições de importação e a data e a taxa de câmbio para conversão, quando for o caso.
16) A obrigação do contratado de manter, durante toda a execução do contrato, em compatibilidade com as obrigações por ele assumidas, todas as condições exigidas para a habilitação na licitação.
17) A obrigação do contratado de cumprir as exigências de reserva de cargos prevista em lei, bem como em outras normas específicas, para pessoa com deficiência, para reabilitado da Previdência Social e para aprendiz.
18) O modelo de gestão do contrato, observados os requisitos definidos em regulamento.
19) Os casos de extinção.

Embora a lei preveja as cláusulas necessárias dos contratos administrativos, entendemos que, ao elencá-las, o legislador definiu um ponto de partida para a confecção do instrumento que será firmado pelas partes – Administração Pública e licitante vencedor. Defendendo que do legislador seria impossível exigir que conseguisse prever todas as cláusulas de um contrato, Torres (2021, p. 187) explica:

> Isso porque o contrato é, por sua natureza, um instrumento dinâmico, um instrumento de acomodação dos interesses que formalizarão a troca. Assim, os contratos administrativos devem estabelecer com clareza e precisão as condições para sua execução, expressas em cláusulas que definam os direitos, obrigações e responsabilidades das partes, não sendo estas integralmente definidas pelo legislador.

Assim, a Administração Pública deve ir além das cláusulas mínimas necessárias, inserindo as particularidades de cada contratação na minuta de contrato, tornando assim a contratação mais transparente e, portanto, mais segura. Essas particularidades, como o próprio nome indica, devem ser observadas caso a caso.

6.6.2 Alguns temas que merecem aprofundamento nos contratos administrativos de obras e serviços de engenharia

a) Duração do contrato

As regras sobre a duração dos contratos administrativos foram substancialmente modificadas pela Lei n. 14.133/2021. Na Lei n. 8.666/1993, o art. 57 trazia a regra de que a duração dos contratos regidos por aquela lei estava adstrita (limitada) à vigência dos respectivos créditos orçamentários.

Os créditos orçamentários, como o próprio nome já diz, estão previstos na lei orçamentária, cuja vigência é anual e coincidente com o ano civil (inicia-se em 01/01 e encerra-se em 31/12 de cada ano).

Na prática, o que vemos é uma grande confusão terminológica, que acaba por confundir quem gerencia e fiscaliza os contratos administrativos.

Na Lei n. 14.133/2021, o art. 105 traz a regra de que a duração dos contratos administrativos regidos por aquela lei será a prevista em edital. Então, o órgão de assessoramento jurídico deve estar atento, quando da análise da minuta de edital, se houve a expressa indicação do prazo e do momento do seu início (data da assinatura do contrato ou outra data específica).

O art. 105 dispõe ainda que deverá ser observada, no momento da contratação e a cada exercício financeiro, a disponibilidade de créditos orçamentários, bem como a previsão no plano plurianual, quando ultrapassar 1 (um) exercício financeiro.

Sobre a prorrogação dos contratos de serviços, o art. 6º, inciso XVII, que se aplica aos serviços de engenharia, dispõe que os serviços não contínuos ou contratados por escopo – aqueles que impõem ao contratado o dever de realizar a prestação de um serviço específico em período predeterminado – podem ser prorrogados, desde que justificadamente, pelo prazo necessário à conclusão do objeto.

Na contratação que previr a conclusão de escopo predefinido, o art. 111 determina que o prazo de vigência será automaticamente prorrogado quando seu objeto não for concluído no período firmado no contrato. É interessante que o órgão de assessoramento jurídico observe se consta na minuta de edital a regra de que, quando a não conclusão decorrer de culpa do contratado:

> I – o contratado será constituído em mora, aplicáveis a ele as respectivas sanções administrativas;
>
> II – a Administração poderá optar pela extinção do contrato e, nesse caso, adotará as medidas admitidas em lei para a continuidade da execução contratual.

A duração do contrato é, portanto, um tema que merece atenção no parecer jurídico em obras e serviços de engenharia.

b) Matriz de risco

Em seu art. 22, a Lei n. 14.133/2021 previu que o edital poderá contemplar matriz de alocação de riscos entre o contratante e o contratado.

A matriz de riscos é uma cláusula contratual definidora de riscos e de responsabilidades entre as partes e caracterizadora do equilíbrio econômico-financeiro inicial do contrato, em termos de ônus financeiro decorrente de eventos supervenientes à contratação. A matriz de risco é, portanto, uma forma de proteger e garantir o equilíbrio econômico-financeiro inicial, protegido constitucionalmente.

Por ser uma exigência legal, o parecerista jurídico deve observar se o edital contemplou matriz de alocação de riscos entre o contratante e o contratado quando a contratação for de obras e serviços de engenharia de grande vulto ou se forem adotados os regimes de contratação integrada e semi-integrada.

Quando o edital contemplar a alocação de risco, o art. 22 prevê ainda que será possível que o cálculo do valor estimado da contratação considere uma *taxa de risco* compatível com o objeto da licitação e com os riscos atribuídos ao contratado, de acordo com metodologia predefinida pelo ente federativo. Essa taxa de risco é importante, pois, como se sabe, o mercado precifica o risco, e contratações mais arriscadas são, certamente, mais caras. Essa taxa de risco é definida pela área técnica.

Ao analisar uma minuta de contrato cujo edital tenha cláusula de matriz de risco, o parecerista jurídico deve observar se a minuta reflete a alocação realizada pela matriz de riscos, especialmente quanto:

a) às hipóteses de alteração para o restabelecimento da equação econômico-financeira do contrato nos casos em que o sinistro seja considerado na matriz de riscos como causa de desequilíbrio não suportada pela parte que pretenda o restabelecimento;
b) à possibilidade de resolução quando o sinistro majorar excessivamente ou impedir a continuidade da execução contratual;
c) à contratação de seguros obrigatórios previamente definidos no contrato, integrando o custo de contratação ao preço ofertado.

c) A seguradora executando obra ou serviço de engenharia – *performance bond*

Quando o assunto é obras públicas, é preciso ter cautela quanto à garantia de cumprimento contratual. As obras paralisadas são, ao mesmo tempo, desperdício de dinheiro público e frustração de legítima expectativa da população de atendimento do interesse público. Em 2019, o TCU divulgou os resultados de uma auditoria operacional[72] de obras paralisadas, na qual se apuraram mais de 38 mil contratos referentes a obras públicas financiadas com recursos federais.

Atento a essa realidade e buscando minimizar as chances de contratos de obras não serem integralmente executados, o legislador previu a possibilidade de exigência no edital de garantias nas contratações públicas. A garantia poderá ser dada por meio de caução em dinheiro ou em títulos da dívida pública, seguro-garantia ou fiança bancária.

Nas contratações de obras e serviços de engenharia, a garantia poderá ser de até 5% do valor inicial do contrato, podendo ser majorada a até 10%, desde que haja justificativa obtida a partir da análise da complexidade técnica e dos riscos envolvidos. O fundamento para tal exigência está no art. 98 da Lei n. 14.133/2021.

---

72 Disponível em: https://portal.tcu.gov.br/biblioteca-digital/auditoria-operacional-sobre-obras-paralisadas.htm. Acesso em: 1 nov. 2022.

Os cuidados com a mitigação de riscos não param por aí. Nas contratações de obras e serviços de engenharia de grande vulto, poderá ser exigida a prestação de garantia, na modalidade seguro-garantia, com cláusula de retomada em percentual equivalente a até 30% do valor inicial do contrato.

A *performance bond* é uma garantia de desempenho. Nos termos do art. 102, é vinculada a uma cláusula de retomada. Assim, na contratação de obras e serviços de engenharia, o edital poderá exigir a prestação da garantia na modalidade seguro-garantia e prever a obrigação da seguradora, em caso de inadimplemento pelo contratado, de assumir a execução e concluir o objeto do contrato.

Quando exigida no edital a modalidade seguro-garantia com cláusula de retomada, o parecerista deve observar se consta na minuta de edital a previsão de participação da seguradora. Isso porque, conforme o art. 102, inciso I, da Lei n. 14.133/2021, a seguradora deverá firmar não só o contrato, mas também os aditivos, como interveniente anuente, devendo constar no contrato que poderá: ter livre acesso às instalações em que for executado o contrato principal, acompanhar a execução do contrato principal, ter acesso à auditoria técnica e contábil e requerer esclarecimentos ao responsável técnico pela obra ou pelo fornecimento.

Além disso, a seguradora deve estar ciente de que a emissão de empenho em seu nome ou a quem ela indicar está condicionada à comprovação da regularidade fiscal. Tal previsão deve constar na minuta de contrato.

d) Divulgação de quantitativos contratados e executados

O art. 94 da Lei n. 14.133/2021 dispõe que a divulgação no Portal Nacional de Contratações Públicas (PNCP) é condição indispensável para a eficácia do contrato e de seus aditamentos e deverá ocorrer nos seguintes prazos, contados da data de sua assinatura:

> I – 20 (vinte) dias úteis, no caso de licitação;
> II – 10 (dez) dias úteis, no caso de contratação direta.

Com relação às obras públicas, há uma especificidade sobre essa divulgação. O § 3º do art. 94 traz a exigência de que, no caso de obras, a Administração Pública divulgue em sítio eletrônico oficial, em até 25 (vinte e cinco) dias úteis após a assinatura do contrato, os quantitativos e os preços unitários e totais que contratar e, em até 45 (quarenta e cinco) dias úteis após a conclusão do contrato, os quantitativos executados e os preços praticados.

Sobre esse dispositivo, chamamos a atenção para dois pontos. Primeiro, a divulgação dos quantitativos é no sítio eletrônico oficial[73], e não no PNCP. O segundo ponto de destaque é que a lei exige a divulgação de quantitativos para as obras, não fazendo tal exigência para os serviços de engenharia.

É interessante que o parecerista indique no parecer a necessidade dessa divulgação, além da publicação no PNCP.

6.7 FRAUDES COMUNS EM OBRAS PÚBLICAS

A prática administrativa nos apresenta uma triste realidade: não há limites para a criatividade quando o assunto é fraude. Superfaturamento, conluio, dispensa de licitação e inexigibilidade indevidas, jogo de cronograma e de planilha, direcionamento de licitação, vínculo entre licitantes e entre licitante e a Administração Pública, aditivos de prazo e de valor em prejuízo à Administração e "pagamento por química74" são apenas alguns exemplos de ações lesivas às licitações e, via de consequência, ao erário. De tanto ocorrerem, algumas dessas fraudes foram incorporadas ao texto legal, como o sobrepreço (art. 6º, LVI, da Lei n. 14.133/2021) e o superfaturamento (art. 6º, LVII, da Lei n. 14.133/2021).

Ocorrerá sobrepreço quando o preço orçado para licitação ou o valor contratado for expressivamente superior aos preços referenciais de mercado, seja de apenas 1 (um) item, se a licitação ou a contratação for por preços unitários de serviço, seja do valor global do objeto, se a

[73] Conforme o art. 6º, inciso LII, da Lei n. 14.133/2021, o sítio eletrônico oficial é o sítio da internet, certificado digitalmente por autoridade certificadora, no qual o ente federativo divulga de forma centralizada as informações e os serviços de governo digital dos seus órgãos e entidades.

[74] Pagamento por química ocorre quando o contratado executa serviços que não compuseram a planilha orçamentária, porém emite a nota fiscal como se tivesse executado serviços que constam na planilha, visando uma compensação. É uma prática lesiva ao erário que, geralmente, é realizada mediante conluio entre contratado e fiscal do contrato.

licitação ou a contratação for por tarefa, empreitada por preço global ou empreitada integral, semi-integrada ou integrada.

Já o superfaturamento ocorrerá quando houver dano provocado ao patrimônio da Administração, caracterizado, entre outras situações, conforme o art. 6º, inciso LVII, da Lei n. 14.133/2021, por:

> a) medição de quantidades superiores às efetivamente executadas ou fornecidas;
>
> b) deficiência na execução de obras e de serviços de engenharia que resulte em diminuição da sua qualidade, vida útil ou segurança;
>
> c) alterações no orçamento de obras e de serviços de engenharia que causem desequilíbrio econômico-financeiro do contrato em favor do contratado;
>
> d) outras alterações de cláusulas financeiras que gerem recebimentos contratuais antecipados, distorção do cronograma físico-financeiro, prorrogação injustificada do prazo contratual com custos adicionais para a Administração ou reajuste irregular de preços.

Algumas intenções de fraudes podem ser identificadas durante o controle prévio de legalidade realizado pelo parecerista. Neste capítulo, trabalhamos pontos básicos e importantes sobre o processo de contratação de obras e serviços de engenharia, sem a pretensão de exaurir todos eles; afinal, nem o próprio legislador conseguiu prever todas as situações problemáticas e ensejadoras de dano e fraude que comprometem o atingimento do interesse público.

Capítulo 7

PARECER JURÍDICO NOS PROCESSOS DE CONTRATAÇÃO DE SERVIÇOS

7.1 INTRODUÇÃO

Em comparação com a Lei n. 8.666/1993, a Lei n. 14.133/2021 foi bastante específica ao tratar da contratação de serviços. O novel legislador cuidou de trazer os conceitos das diversas categorias de serviços que podem ser objeto de contratação, além de reservar uma sessão específica para a contratação de serviços em geral, a qual traz normas de terceirização, responsabilização da administração e outros temas que antes eram tratados pela doutrina e pelos órgãos de controle, em especial pelo TCU.

O tratamento minucioso de determinado tema, ao mesmo tempo que facilita a análise do parecerista, pois traz parâmetros legais objetivos de aplicabilidade, confere-lhe mais responsabilidade, já que, no exercício da atribuição legal de controlar previamente a legalidade da contratação, deverá avaliar o cumprimento de mais parâmetros legais, a começar pela possibilidade de contratação.

As regras setoriais sobre a contratação de serviços encontram-se nos arts. 47 a 50 da Lei n. 14.133/2021.

7.2 CONCEITOS IMPORTANTES NO PROCESSO DE CONTRATAÇÃO DE SERVIÇOS

No que diz respeito às licitações, serviços são as atividades prestadas por terceiros para atingir a finalidade pública pretendida, preservado sempre o interesse público. O art. 6º, inciso XI, da Lei n. 14.133/2021 dispõe que serviço é a "atividade ou conjunto de atividades destinadas a obter determinada utilidade, intelectual ou material, de interesse da Administração".

Os serviços podem ser comuns ou especiais, contínuos ou por escopo. Dentro do conceito de contínuos, ainda temos os serviços contínuos com dedicação exclusiva de mão de obra, tratados no art. 50 da Lei n. 14.133/2021.

a) Serviços comuns e especiais

A Lei n. 14.133/2021 não inovou no conceito de serviços comuns, incorporando o mesmo conceito da Lei n. 10.520/2002, qual seja, o de que são serviços comuns aqueles cujos padrões de desempenho e qualidade podem ser objetivamente definidos pelo edital, por meio de especificações usais de mercado. Geralmente, são serviços conhecidos, obtidos com facilidade no mercado. Exemplos de serviços comuns: limpeza e conservação, jardinagem, manutenção.

Os serviços especiais, conceituados no art. 6º, inciso XIV, da Lei n. 14.133/2021, são aqueles que, por sua alta heterogeneidade ou complexidade, não podem ser descritos como serviços comuns. Vê-se que a lei indicou as características – alta heterogeneidade ou complexidade –, bem como adotou um critério residual – não poderem ser descritos como serviços comuns.

O enquadramento do serviço como especial e a justificativa para contratar não são de atribuição do parecerista. No controle prévio de legalidade que deve ser exercido pelo parecerista, cabem a verificação do enquadramento do serviço como especial, que deve ser feito pela área técnica demandante, bem como a justificativa para a contratação, que deverá ser feita e/ou aprovada pela autoridade competente.

Vale ressaltar que, diferentemente do que dispunha a Lei n. 8.666/1993, pela Lei n. 14.133/2021 é a natureza do objeto a ser contratado que define a modalidade de contratação. Como consequência, o enquadramento como serviço comum ou especial é relevante, pois isso definirá a modalidade de licitação. Os serviços comuns são passíveis de contratação por pregão (lembrando que os serviços comuns de engenharia também podem ser licitados na modalidade concorrência), enquanto os serviços especiais só podem ser contratados por concorrência.

Assim, quando do controle prévio de legalidade mediante uma análise jurídica da contratação, não cabe ao parecerista atestar, em substituição à área técnica, que tal serviço é comum ou especial. Caberá ao parecerista avaliar o enquadramento do serviço e a modalidade indicada para o processamento da licitação. Quando muito, diante de um erro evidente de enquadramento, o parecerista poderá, amparado em doutrina e decisões de órgãos de controle, recomendar à área técnica que proceda a uma reanálise do enquadramento e das justificativas apresentadas, mas nunca substituir a manifestação técnica por uma manifestação jurídica.

b) Serviços contínuos e por escopo

Outra distinção muito importante e com impacto direto no processo de seleção do contratado, bem como na gestão do contrato e no prazo de vigência, é a de serviço contínuo e por escopo.

Os serviços por escopo, também chamados de não contínuos, estão definidos no art. 6º, inciso XVII, da Lei n. 14.133/2021 como aqueles que impõem ao contratado o dever de realizar a prestação de um serviço específico em período predeterminado. Caso o serviço não tenha sido concluído no período inicialmente estabelecido, pode ser prorrogado, desde que justificadamente, pelo prazo necessário à sua conclusão. A definição do prazo para a conclusão do serviço deve estar indicada no termo de referência, não cabendo ao parecerista exercer controle a respeito, já que se trata de uma decisão técnica.

É interessante notar no conceito de serviço por escopo que a lei condicionou a prorrogação à apresentação de justificativa. À primeira vista, esse dispositivo parece confrontar-se com o art. 111, que prevê a possibilidade de prorrogação automática do contrato quando seu objeto não for concluído no período firmado. Entretanto, não há colisão entre os dispositivos legais, porque, mesmo sem justificativas, o contrato poderá ser prorrogado, porém, caso não sejam apresentadas justificativas ou as justificativas não forem acatadas pela Administração Pública, o contratado será constituído em mora, aplicáveis a ele as respectivas sanções administrativas, conforme disposto no art. 111, parágrafo único.

Já os serviços contínuos, por serem contratos mais complexos e de trato sucessivo, sempre povoaram a jurisprudência, sobretudo quando o tema era a prorrogação de contratos. Nesse contexto, ter uma definição do que seriam serviços contínuos é de grande valia para o gestor público e para o parecerista.

Segundo o art. 6º, inciso XV, da Lei n. 14.133/2021, os serviços contínuos são os serviços realizados para manutenção da atividade administrativa, decorrente de necessidades permanentes – aquelas estáveis, frequentes – e necessidades prolongadas – aquelas que, ainda que não sejam frequentes, se estendam por prazo significativo.

Os serviços contínuos, por sua vez, podem ser subdivididos em duas categorias: a) com dedicação exclusiva de mão de obra; e b) sem dedicação exclusiva de mão de obra.

Um exemplo clássico de serviço contínuo com dedicação exclusiva de mão de obra é a limpeza predial dos espaços públicos.

Uma novidade trazida pela Lei n. 14.133/2021, alocada no art. 106, foi a possibilidade de os contratos de serviços contínuos serem firmados pelo prazo de até 5 (cinco) anos, prorrogáveis por até 10 (dez) anos, nos termos do art. 107. Quando do controle prévio de legalidade, o parecerista deve observar, caso se trate de serviços contínuos, se houve a previsão de prorrogação na minuta de edital e de contrato.

Caso o parecerista esteja analisando um pedido de prorrogação de contrato, deverá aferir as condicionantes previstas na lei: previsão no edital e atestado da autoridade acerca da vantajosidade da prorrogação. Cabe registrar que não compete ao parecerista aferir, atestar ou se manifestar sobre a vantajosidade da prorrogação. Compete-lhe verificar o cumprimento dos requisitos legais, apontando especialmente o documento em que a área técnica justifica a vantajosidade da prorrogação do contrato, bem como solicitar diligências caso o processo não esteja devidamente instruído.

Serviços contínuos com regime de dedicação exclusiva de mão de obra são aqueles em que os empregados do contratado ficam à disposição e nas dependências da administração. A lei trouxe um tratamento especial a esses serviços, dada a veemente necessidade de diferenciá-los de uma mera cessão de mão de obra, em afronta ao provimento de cargos públicos por concurso, garantido na Constituição Federal[75]. Em virtude desse tratamento especial, que desencadeia discussões, principalmente em âmbito trabalhista, gerando responsabilidade subsidiária da Administração Pública, esses serviços serão tratados em subitem específico deste capítulo, logo adiante.

---

75 Constituição Federal, art. 37, inciso II.

7.3 PRINCÍPIOS APLICÁVEIS À CONTRATAÇÃO DE SERVIÇOS

Além dos princípios previstos no art. 5º da Lei n. 14.133/2021, as licitações de serviços em geral seguirão os princípios da padronização e do parcelamento.

O art. 47, inciso I, da Lei n. 14.133/2021 dispõe que, na padronização, deve ser considerada a compatibilidade de especificações estéticas, técnicas ou de desempenho.

Ao comentar sobre o princípio da padronização, Justen Filho (2021, p. 531) explica que: "A padronização pode propiciar a redução de heterogeneidade no tocante a soluções, visando assegurar maior uniformidade em aquisições tomando em vista questões estéticas, técnicas ou de desempenho".

Assim como nas compras, o legislador indicou a padronização como uma diretriz; contudo, os serviços possuem particularidades que, geralmente, impedem a padronização. Ao comentar sobre a dificuldade de padronização de serviços, Justen Filho (2021, p. 531) expôs que: "Em muitos casos, o serviço envolve uma atuação de um indivíduo, de modo direto (trabalho físico). Em todas as hipóteses, há reflexos da subjetividade individual, que afetam a padronização".

Ao analisar um processo de contratação de serviços, o parecerista deve alertar em seu parecer sobre a necessidade de consideração do princípio da padronização pela área técnica. Consideramos uma boa prática o parecerista recomendar à área técnica que justifique a impossibilidade de se aplicar o princípio do parcelamento.

O inciso II do art. 47, por sua vez, traz o princípio do parcelamento e as condições para a sua aplicabilidade, quais sejam, quando for tecnicamente viável e economicamente vantajoso. Aqui, mais uma vez, não cabe ao parecerista, quando do controle prévio de legalidade, manifestar-se sobre a viabilidade técnica ou sobre a vantajosidade econômica de parcelar o objeto contratado. Entretanto, entendemos como boa prática que recomende a observância do princípio do parcelamento e a aposição de justificativa pela área técnica demandante quando não for possível atender tal princípio.

O parcelamento traz como vantagem a possibilidade de ampliar a competitividade, permitindo que licitantes que não têm condições de executar todo o objeto possam participar da disputa da parcela que são capazes de executar. Sobre o parcelamento, no contexto da Lei n. 8.666/1993, o TCU editou sua Súmula 247, compatível com a estrutura normativa da Lei n. 14.133/2021:

> SÚMULA N. 247: É obrigatória a admissão da adjudicação por item e não por preço global, nos editais das licitações para a contratação de obras, serviços, compras e alienações, cujo objeto seja divisível, desde que não haja prejuízo para o conjunto ou complexo ou perda de economia de escala, tendo em vista o objetivo de propiciar a ampla participação de licitantes que, embora não dispondo de capacidade para a execução, fornecimento ou aquisição da totalidade do objeto, possam fazê-lo com relação a itens ou unidades autônomas, devendo as exigências de habilitação adequar-se a essa divisibilidade.

Assim, uma vez que o art. 47 prevê que as licitações de serviços "atenderão" a tais princípios, caberá ao parecerista, ao apreciar a contratação de serviços, verificar a observância da padronização e do parcelamento, especialmente nos documentos de planejamento – estudos técnicos preliminares e termo de referência. Em razão da previsão legal, ainda que não caiba ao parecerista manifestar-se de modo a interferir na decisão de mérito da contratação, cabe-lhe recomendar a aposição de justificativa da área técnica sobre a observância ou não de tais princípios.

7.4 O QUE PODE SER OBJETO DE TERCEIRIZAÇÃO?

A Lei n. 14.133/2021 inovou, de forma acertada em relação à Lei n. 8.666/1993, ao regular os serviços que podem ser objeto de execução por terceiros. O art. 48 da Lei n. 14.133/2021 estabelece que poderão ser terceirizadas as atividades acessórias, instrumentais ou complementares aos assuntos que são da área de competência do órgão ou entidade.

As atividades materiais acessórias e instrumentais são aquelas conhecidas por atividades-meio, pois não estão vinculadas diretamente à execução da finalidade pública do órgão/ente. Serviços de manutenção, limpeza e jardinagem são exemplos de atividades materiais acessórias e instrumentais. As atividades complementares são aquelas que guardam relação mais estreita com a atividade-fim do ente/órgão, mas não se confundem com ela, apesar de terem uma relação de complementariedade, como o próprio nome deixa entrever. Dois exemplos bem elucidam esses conceitos: em uma Unidade Básica de Saúde, poderia o Município terceirizar os serviços de limpeza, por serem atividades acessórias, bem como o serviço de exames laboratoriais, por serem complementares.

O *caput* do art. 48 indicou o que pode ser terceirizado, mas foram os seus incisos que trouxeram o balizamento mais importante na contratação de serviços terceirizados, dispondo sobre as vedações em contratos dessa natureza. Nos termos do art. 48, é vedado à Administração Pública e seus agentes:

> I – indicar pessoas expressamente nominadas para executar direta ou indiretamente o objeto contratado;
>
> II – fixar salário inferior ao definido em lei ou em ato normativo a ser pago pelo contratado;
>
> III – estabelecer vínculo de subordinação com funcionário de empresa prestadora de serviço terceirizado;
>
> IV – definir forma de pagamento mediante exclusivo reembolso dos salários pagos;
>
> V – demandar a funcionário de empresa prestadora de serviço terceirizado a execução de tarefas fora do escopo do objeto da contratação;
>
> VI – prever em edital exigências que constituam intervenção indevida da Administração na gestão interna do contratado.

Tal balizamento deve orientar o controle prévio de legalidade a ser exercido pelo órgão de assessoramento jurídico. Assim, o parecerista analisa se as vedações dos incisos I a VI do art. 48 encontram reflexo nos documentos de planejamento, bem como se consta na minuta de edital e, principalmente, a nosso ver, na minuta de contrato a ser celebrado com o licitante vencedor.

Ainda, com o mesmo intuito das vedações supracitadas – evitar que os contratos de terceirização se tornem mera cessão de mão de obra em afronta à obrigatoriedade do concurso público –, o art. 48, em seu parágrafo único, vedou também atos de nepotismo durante a vigência do contrato; assim, o contratado é proibido de contratar parentes de dirigente do órgão ou entidade contratante ou de agente público que desempenhe função na licitação ou atue na fiscalização ou na gestão do contrato. Esse ponto deve ser observado pelo assessor jurídico, pois a proibição deve estar obrigatoriamente prevista no edital.

7.5 CONTRATAÇÕES EM REGIME DE DEDICAÇÃO EXCLUSIVA DE MÃO DE OBRA

Serviços contínuos em regime de dedicação exclusiva são aqueles cujo modelo contratual exige que os empregados da empresa terceirizada fiquem à disposição nas dependências do contratante para a prestação dos serviços. Por esse motivo, merecem bastante atenção do parecerista e do gestor público para não serem confundidos com a mera cessão de mão de obra.

Além da disponibilidade dos empregados nas dependências do contratante, a lei determina que esses recursos humanos e os materiais utilizados para prestação dos serviços não sejam compartilhados em outros contratos, o que facilita a fiscalização e a medição dos serviços.

Outro requisito legal é que o contratado possibilite a fiscalização pela Administração Pública quanto a distribuição, controle e supervisão dos recursos humanos. Nota-se que essa fiscalização é mais específica que a prerrogativa de fiscalização dos contratos prevista no art. 104, inciso III, da Lei n. 14.133/2021. A fiscalização em contratos de serviços contínuos com regime de dedicação exclusiva de mão de obra é importante, pois impacta na aferição da responsabilidade pelas obrigações trabalhistas, muitas vezes atribuída à Administração.

Devido à importância da fiscalização nesses contratos, o legislador cuidou de prever medidas fiscalizatórias mínimas, com o intuito de evitar ou, pelo menos, minimizar a responsabilidade subsidiária da Administração Pública, tão comum em âmbito trabalhista. Nesse sentido, o art. 50 da Lei n. 14.133/2021 estabelece que, sob pena de multa, quando solicitado pela Administração Pública, o contratado deverá apresentar comprovação do cumprimento das obrigações trabalhistas e com o Fundo de Garantia do Tempo de Serviço (FGTS) em relação aos empregados diretamente envolvidos na execução do contrato, em especial quanto ao:

> I – registro de ponto;
>
> II – recibo de pagamento de salários, adicionais, horas extras, repouso semanal remunerado e décimo terceiro salário;
>
> III – comprovante de depósito do FGTS;
>
> IV – recibo de concessão e pagamento de férias e do respectivo adicional;
>
> V – recibo de quitação de obrigações trabalhistas e previdenciárias dos empregados dispensados até a data da extinção do contrato;
>
> VI – recibo de pagamento de vale-transporte e vale-alimentação, na forma prevista em norma coletiva.

Apesar de estar previsto em lei, entendemos como boa prática que o parecerista observe se tais obrigações estão descritas na minuta de contrato que analisará quando do controle prévio de legalidade da contratação. Além disso, deve recomendar que conste no contrato a metodologia de cálculo da multa em caso de descumprimento ou atraso na entrega da documentação a ser apresentada.

Tais medidas se fazem relevantes diante de todo um histórico de responsabilização trabalhista da Administração Pública por contratos celebrados com terceiros, o que culminou na teoria da responsabilidade subsidiária da Administração, prevista na Súmula 331 do TST[76], a qual se baseia exatamente no descumprimento da obrigação de fiscalizar.

Com o tratamento minucioso sobre o tema, percebe-se uma tentativa do legislador de encerrar uma discussão que se arrasta há décadas sobre a extensão da responsabilidade da Administração Pública em relação às verbas trabalhistas e previdenciárias. A esse respeito, no que se refere aos processos licitatórios visando a contratação de serviços contínuos com dedicação exclusiva de mão de obra, o parecerista deve

---

[76] TST, Súmula 331: "V – Os entes integrantes da Administração Pública direta e indireta respondem subsidiariamente, nas mesmas condições do item IV, **caso evidenciada a sua conduta culposa no cumprimento das obrigações** da Lei n.º 8.666, de 21.06.1993, especialmente na fiscalização do cumprimento das obrigações contratuais e legais da prestadora de serviço como empregadora. A aludida responsabilidade não decorre de mero inadimplemento das obrigações trabalhistas assumidas pela empresa regularmente contratada" (grifo nosso).

observar se os documentos que instruem o processo estão de acordo com as previsões do art. 121 da Lei n. 14.133/2021.

Para assegurar o cumprimento de obrigações trabalhistas pelo contratado, ao analisar a minuta de edital e de contrato, o parecerista deve observar se a área técnica/responsável se valeu de alguma das seguintes medidas previstas no art. 121, § 3º:

> I – exigir caução, fiança bancária ou contratação de seguro-garantia com cobertura para verbas rescisórias inadimplidas;
>
> II – condicionar o pagamento à comprovação de quitação das obrigações trabalhistas vencidas relativas ao contrato;
>
> III – efetuar o depósito de valores em conta vinculada;
>
> IV – em caso de inadimplemento, efetuar diretamente o pagamento das verbas trabalhistas, que serão deduzidas do pagamento devido ao contratado;
>
> V – estabelecer que os valores destinados a férias, a décimo terceiro salário, a ausências legais e a verbas rescisórias dos empregados do contratado que participarem da execução dos serviços contratados serão pagos pelo contratante ao contratado somente na ocorrência do fato gerador.

O tratamento da responsabilização em contratos de serviço com regime de dedicação exclusiva de mão de obra começa na minuta de edital e de contrato e se estende à fase de execução. No controle prévio de legalidade, compete ao parecerista observar as previsões na minuta de edital e de contrato.

Quando da renovação do contrato, o tema da responsabilização também ganha relevância, pois a área técnica deverá atestar que o contratado vem cumprindo com suas obrigações, dentre elas o pagamento das verbas trabalhistas e previdenciárias, compondo a análise de vantajosidade da renovação. Embora não caiba ao parecerista atestar ou manifestar-se sobre o mérito da vantajosidade, cabe a ele verificar se esses pontos foram abordados na instrução processual.

7.6 CONTRATAÇÕES SIMULTÂNEAS

O art. 49 da Lei n. 14.133/2021 autorizou que a Administração Pública, mediante justificativa expressa, contrate mais de uma empresa ou instituição para executar o mesmo serviço.

Ao exercer o controle prévio de legalidade de processo licitatório que vise contratação simultânea, o parecerista deve verificar se há justificativa expressa, conforme exigido pelo art. 49, bem como se a área técnica/solicitante atestou que:

> I – o objeto da contratação pode ser executado de forma concorrente e simultânea por mais de um contratado; e
>
> II – a múltipla execução é conveniente para atender à Administração Pública.

Além disso, embora seja matéria de execução contratual, entendemos como prática que o parecerista recomende que na minuta de contrato haja previsão de que haverá controle individualizado da execução do objeto contratual relativamente a cada um dos contratados.

Exemplos desse tipo de contratação pode ser a coleta de resíduos sólidos, serviços complementares de saúde, como diagnóstico por imagem, exames laboratoriais, laboratórios de próteses e outros que podem ser objeto de terceirização.

7.7 PRINCIPAIS PONTOS A SEREM OBSERVADOS PELO PARECERISTA NA CONTRATAÇÃO DE SERVIÇOS EM GERAL

Ao deparar-se com um processo licitatório para contratação de serviços, o parecerista inicialmente deve verificar se o objeto a ser contratado é passível de execução por terceiros, dadas as regras do art. 48 da Lei n. 14.133/2021. À primeira vista, o enquadramento de um serviço como passível de execução por terceiros pode parecer uma decisão eminentemente técnica. Contudo, entendemos que, por ser uma decisão que pode conflitar com a regra constitucional de obrigatoriedade do concurso público, cabe ao parecerista exercer o controle prévio de legalidade sobre esse enquadramento, verificando se se trata de atividades materiais acessórias, instrumentais ou complementares aos assuntos que constituam área de competência legal do órgão ou da entidade. Havendo dúvida sobre a correção do enquadramento realizado pela área técnica solicitante, cabe ao parecerista devolver o processo em diligência, a fim de que sejam saneados os questionamentos.

Além disso, o parecerista deve observar o atendimento ao princípio da padronização e do parcelamento, conforme previsto no art. 47. Sendo exigência legal, mesmo que não caiba ao parecerista interferir na decisão de mérito da contratação, cabe a este verificar a justificativa da área técnica solicitante utilizada para a tomada de decisão.

Deve ainda o parecerista analisar a categoria dos serviços que estão sendo contratados, a fim de verificar as normas especiais que se referem a cada um (por exemplo, as que dizem respeito especificamente aos serviços contínuos com dedicação exclusiva de mão de obra).

7.7.1 Pontos a serem observados nas minutas do edital e do contrato

O capítulo que trata dos serviços em geral estabelece algumas previsões editalícias obrigatórias para esse tipo de licitação. Como cabe ao órgão de assessoramento jurídico o controle prévio de legalidade, é necessário observar o cumprimento desses pontos:

1º) nos serviços de manutenção e assistência técnica, previsão no edital do local de prestação de serviços, admitida a exigência de deslocamento do técnico ao local da repartição ou a exigência de distância compatível com as necessidades da administração (art. 47, § 2º);

2º) previsão no edital de proibição de exigências que constituam intervenção indevida da administração na gestão interna do contratado (art. 48, VI);

3º) previsão no edital da proibição de contratação de cônjuge, companheiro ou parente em linha reta, colateral ou por afinidade, até o terceiro grau, de dirigente de órgão ou entidade contratante ou de agente público que desempenhe função na licitação ou atue na fiscalização do contrato (art. 48, parágrafo único).

No que diz respeito à minuta do contrato, o art. 89 da Lei n. 14.133/2021 reza que os contratos regidos por essa lei serão regulados pelas suas cláusulas e pelos preceitos de direito público. Assim, ainda que se trate de um contrato, cujas cláusulas encontram previsão legal, não é possível celebrar um contrato genérico, que simplesmente remeta à lei, sem o cuidado de definir um regramento específico para aquilo que se está contratando.

Sobre os preceitos de direito público, em essência, estão presentes nas prerrogativas da Administração, também denominadas de cláusulas exorbitantes. Nesse sentido, o *caput* do art. 89 é complementado pelo § 2º, que prevê que os contratos deverão estabelecer com clareza e precisão as condições para sua execução, expressas em cláusulas que definam os direitos, as obrigações e as responsabilidades das partes, em conformidade com os termos do edital de licitação e os da proposta vencedora ou com os termos do ato que autorizou a contratação direta e os da respectiva proposta.

Além disso, o art. 89 determina ainda que aos contratos serão aplicados, supletivamente, os princípios da teoria geral dos contratos e as disposições de direito privado.

É pertinente lembrar que é nulo e de nenhum efeito o contrato verbal com a Administração, salvo o de pequenas compras de pronto-pagamento, assim entendidas aquelas de valor não superior a R$ 10.000,00 (dez mil reais), atualizado pelo Decreto n. 10.922/2021 para R$ 10.804,08 (dez mil, oitocentos e quatro reais e oito centavos).

As cláusulas necessárias estão previstas no art. 92 e, para os contratos de serviços em geral, serão:

a) o objeto e seus elementos característicos;
b) a vinculação ao edital de licitação e à proposta do licitante vencedor ou ao ato que tiver autorizado a contratação direta e à respectiva proposta (cabe lembrar que, conforme o art. 90, é possível que o contrato seja celebrado não com o licitante vencedor, mas com o próximo convocado, na hipótese de o licitante vencedor não atender à convocação da Administração Pública contratante);
c) a legislação aplicável à execução do contrato, inclusive quanto aos casos omissos;
d) o regime de execução;
e) o preço e as condições de pagamento, os critérios, a data-base e a periodicidade do reajustamento de preços e os critérios de atualização monetária entre a data do adimplemento das obrigações e a do efetivo pagamento;
f) os critérios e a periodicidade da medição e o prazo para liquidação e para pagamento;

g) os prazos de início das etapas de execução, conclusão, entrega, observação e recebimento definitivo, quando for o caso;
h) o crédito pelo qual correrá a despesa, com a indicação da classificação funcional programática e da categoria econômica;
i) a matriz de risco77, quando for o caso;
j) o prazo para resposta ao pedido de repactuação e/ou restabelecimento do equilíbrio econômico-financeiro, quando for o caso;
k) as garantias oferecidas para assegurar sua plena execução, quando exigidas, inclusive as que forem oferecidas pelo contratado no caso de antecipação de valores a título de pagamento;
l) o prazo de garantia mínima do objeto, observados os prazos mínimos estabelecidos na Lei n. 14.133/2021 e nas normas técnicas aplicáveis, e as condições de manutenção e assistência técnica, quando for o caso.
m) os direitos e as responsabilidades das partes, as penalidades cabíveis e os valores das multas78 e suas bases de cálculo;
n) as condições de importação e a data e a taxa de câmbio para conversão, quando for o caso;
o) a obrigação do contratado de manter, durante toda a execução do contrato, em compatibilidade com as obrigações por ele assumidas, todas as condições exigidas para a habilitação na licitação, ou para a qualificação, na contratação direta;
p) a obrigação do contratado de cumprir as exigências de reserva de cargos prevista em lei, bem como em outras normas específicas, para pessoa com deficiência, para reabilitado da Previdência Social e para aprendiz;

[77] Conforme o art. 22, § 3º, da Lei n. 14.133/2021, o edital obrigatoriamente contemplará matriz de alocação de riscos entre o contratante e o contratado quando a contratação se referir a obras e serviços de grande vulto ou forem adotados os regimes de contratação integrada e semi-integrada.

[78] A minuta do contrato deve prever a metodologia para o cálculo da multa.

q) o modelo de gestão do contrato, observados os requisitos definidos em regulamento;
r) os casos de extinção.

Nos termos do § 2º do art. 92, de acordo com as peculiaridades do objeto e de seu regime de execução, o contrato conterá cláusula que preveja período antecedente à expedição da ordem de serviço para verificação de pendências, liberação de áreas ou adoção de outras providências cabíveis para a regularidade do início de sua execução.

Chamamos a atenção para o teor do § 3º do art. 92, que dispõe que, independentemente do prazo de duração, o contrato deverá conter cláusula que estabeleça o índice de reajustamento de preço, com data-base vinculada à data do orçamento estimado, e que poderá ser estabelecido mais de um índice específico ou setorial, em conformidade com a realidade de mercado dos respectivos insumos. Isso porque é muito comum na prática administrativa não incluir, nos contratos com prazo inferior a 1 (um) ano, as regras para reajustamento.

Nos termos do art. 93 e parágrafos, nos contratos específicos de projetos ou de serviços técnicos especializados – inclusive os de *software* –, o autor (contratado) deve ceder todos os direitos patrimoniais a ele relativos para a Administração Pública, que poderá utilizar e alterar esses projetos em outras ocasiões sem necessidade de nova autorização ou contrato.

Por fim, chamamos a atenção também para a necessidade de o contrato indicar as regras de divulgação no PNCP, condição indispensável para a eficácia do contrato e de seus aditamentos, prevista no art. 94.

Conforme o art. 95, o instrumento de contrato é obrigatório. Essa é a regra. O próprio art. 95 traz as exceções em que a Administração poderá substituir o instrumento de contrato por outro instrumento hábil. Os exemplos de instrumento hábil trazidos pela lei e aplicáveis às compras são: carta-contrato, nota de empenho de despesa, autorização de compra. As exceções caberão:

a) na dispensa de licitação em razão de valor;
b) nas compras com entrega imediata e integral dos bens adquiridos e dos quais não resultem obrigações futuras, inclusive quanto a assistência técnica, independentemente de seu valor.

Pelo texto legal, no caso de contratação de serviços, a substituição do instrumento de contrato só seria cabível na hipótese do art. 95, inciso I, da Lei n. 14.133/2021, já que o inciso II é cabível apenas para a aquisição de bens. Contudo, não descartamos a possibilidade de existirem serviços simples para os quais, mesmo quando contratados acima do valor de dispensa, a exigência de instrumento de contrato seria uma formalidade superável. De todo modo, essa não foi a escolha do legislador. Então, o parecerista deve recomendar a elaboração do instrumento de contrato, salvo quando a situação dos autos se enquadrar no art. 95, inciso I, da Lei n. 14.133/2021.

Capítulo 8

PARECER JURÍDICO NO PEDIDO DE ADITIVO DE PRAZO

8.1 INTRODUÇÃO

O art. 53, § 4º, da Lei n. 14.133/2021 dispõe que o órgão de assessoramento jurídico da Administração também realizará controle prévio de legalidade de contratações diretas, acordos, termos de cooperação, convênios, ajustes, adesões a atas de registro de preços, outros instrumentos congêneres e de seus termos aditivos.

Os termos aditivos são reservados para as alterações contratuais em relação ao quanto firmado originariamente pela Administração Pública e o licitante vencedor, então contratado. A alteração do prazo de vigência do contrato é uma das alterações feitas por meio de termo aditivo.

Com relação ao aumento do prazo de vigência dos contratos administrativos, identificam-se os fenômenos da renovação e da prorrogação.

Para fins didáticos, Torres (2021, p. 583) propõe a distinção entre prorrogação e renovação, tratando-as como duas espécies do gênero prorrogação. Para o citado autor, a expressão "renovação" deve ser utilizada para os contratos de prestação continuada. Segundo ele explica:

> Dá-se, na renovação, uma repetição do contrato firmado no período anterior, o que repercute não apenas na vigência, mas também nos valores pagos mensalmente, já que os pagamentos se renovam pelo novo período (resguardando-se, por evidente, eventual recomposição da equação econômica, por reajuste, repactuação ou reequilíbrio econômico).

Como arremate da distinção feita pelo doutrinador citado (2021, p. 584), tem-se que, na prorrogação, em sentido estrito,

> [...] o principal elemento envolvido é a vigência contratual, embora ele não seja essencial ao contrato. O ato de prorrogação permite que os prazos de início das etapas de execução, de conclusão ou de entrega sejam alterados (prorrogados), sem repercussão direta no valor contratual.

Ao dizer que o elemento vigência não é essencial ao contrato, deve-se considerar que é essencial a entrega da coisa, da obra ou a prestação do serviço, diferentemente do que ocorre nos contratos de prestação continuada em que o elemento vigência é da própria essência da contratação.

8.2 CONSIDERAÇÕES SOBRE A DURAÇÃO DOS CONTRATOS ADMINISTRATIVOS

A duração dos contratos administrativos está regulada nos arts. 105 a 114 da Lei n. 14.133/2021. A regra geral é a de que a duração dos contratos regidos pela referida lei será a prevista em edital.

O art. 105 dispõe que deverá ser observada, no momento da contratação e a cada exercício financeiro, a disponibilidade de créditos orçamentários, bem como a previsão no plano plurianual, quando ultrapassar 1 (um) exercício financeiro.

Ainda que reconheça os avanços da Lei n. 14.133/2021, em relação à Lei n. 8.666/1993, no tema duração dos contratos administrativos, Torres (2021, p. 578) traz embasamento na Lei de Responsabilidade Fiscal para afirmar que:

> Parece-nos intransponível a necessária vinculação dos contratos administrativos aos recursos orçamentários do exercício financeiro, embora, dentro das hipóteses legais.
>
> Por outro lado, adotar essas disposições de maneira radical gera uma restrição indevida à liberdade contratual, atentatória ao interesse público, por reduzir formatações contratuais mais eficientes, com diluição de custos em período superior a 12 meses, para se alcançar um melhor resultado no negócio firmado.

Atento a essa possibilidade, citada por Torres, de diluição de custos para contratos cujo prazo de vigência seja superior a 1 (um) ano, o legislador, nas hipóteses de serviços e fornecimentos contínuos, previu no art. 106 da Lei n. 14.133/2021 a autorização para a Administração celebrar contratos com prazo de até 5 (cinco) anos, observadas as seguintes diretrizes:

> I – a autoridade competente do órgão ou entidade contratante deverá atestar a maior vantagem econômica vislumbrada em razão da contratação plurianual;
>
> II – a Administração deverá atestar, no início da contratação e de cada exercício, a existência de créditos orçamentários vinculados à contratação e a vantagem em sua manutenção;
>
> III – a Administração terá a opção de extinguir o contrato, sem ônus, quando não dispuser de créditos orçamentários para sua continuidade ou quando entender que o contrato não mais lhe oferece vantagem.

Na diretriz indicada no inciso II, percebe-se a preocupação do legislador em atender aos ditames da Lei de Responsabilidade Fiscal, ao exigir o ateste orçamentário.

Outro ponto digno de nota é a necessidade de atestar a maior vantagem econômica vislumbrada em razão da contratação plurianual. A escolha do gestor ao optar por um contrato de 5 (cinco) anos será ilegal quando desacompanhada do ateste da maior vantagem econômica vislumbrada em razão da contratação plurianual. Essa escolha de realizar um contrato de 5 (cinco) anos geralmente é pautada na eficiência de não ter que realizar licitação todos os anos para serviços e fornecimentos contínuos ou ter que realizar aditivos anuais.

A extinção dos contratos de serviços e fornecimentos contínuos (mencionada no inciso III do *caput* do art. 106) ocorrerá apenas na próxima data de aniversário do contrato e não poderá ocorrer em prazo inferior a 2 (dois) meses, contados da referida data.

Sobre a prorrogação dos contratos de serviços e fornecimentos contínuos, o art. 107 da Lei n. 14.133/2021 autoriza que sejam prorrogados sucessivamente, respeitada a vigência máxima decenal, desde que haja previsão em edital e que a autoridade competente ateste que as condições e os preços permanecem vantajosos para a Administração, permitida a negociação com o contratado ou a extinção contratual sem ônus para qualquer das partes. Portanto, quando da emissão de parecer jurídico, o parecerista deve observar se tais requisitos foram cumpridos.

O art. 108, por sua vez, traz regramento específico para contratos que podem ter prazo de vigência de 10 (dez) anos, firmados a partir de dispensa de licitação, indicados no *caput* do art. 75 (nas alíneas *f* e *g* do inciso IV e nos incisos V, VI, XII e XVI).

Na Lei n. 8.666/1993, art. 57, § 3º, havia vedação expressa de contrato com prazo indeterminado. Tal vedação não foi repetida na Lei n. 14.133/2021, que a esse respeito dispõe que, quando usuária de serviço público oferecido em regime de monopólio, a Administração Pública poderá contratar por prazo indeterminado. Nesse caso, persiste a necessidade de ser comprovada, a cada exercício financeiro, a existência de créditos orçamentários vinculados à contratação. O fundamento desse contrato por prazo indeterminado é o art. 109 da Lei n. 14.133/2021.

Na contratação que gere receita e no contrato de eficiência que gere economia para a Administração Pública, conforme o art. 110 da Lei n. 14.133/2021, os prazos serão de:

> I – até 10 (dez) anos, nos contratos sem investimento;
>
> II – até 35 (trinta e cinco) anos, nos contratos com investimento, assim considerados aqueles que impliquem a elaboração de benfeitorias permanentes, realizadas exclusivamente a expensas do contratado, que serão revertidas ao patrimônio da Administração Pública ao término do contrato.

Uma grande novidade trazida pela Lei n. 14.133/2021 foi a prorrogação automática do prazo no contrato de escopo. O art. 111 dispõe que, na contratação que previr a conclusão de escopo predefinido, o prazo de vigência será automaticamente prorrogado quando seu objeto não for concluído no período firmado no contrato.

Essa prorrogação automática do prazo, contudo, não implica deixar de apurar quem deu causa ao atraso na conclusão do escopo. Apuradas as condutas, se ficar comprovado que a não conclusão decorreu de culpa do contratado, este será constituído em mora, ficando sujeito às respectivas sanções administrativas. Caso o interesse público assim o justifique, a Administração Pública poderá optar pela extinção do contrato e, nesse caso, adotará as medidas admitidas em lei para a continuidade da execução contratual.

Assim, salvo no caso de contrato de escopo, é necessária a manifestação expressa da Administração Pública para prorrogar.

8.3 REQUISITOS A SEREM OBSERVADOS PELO PARECERISTA AO SE ANALISAR UM PEDIDO DE ADITIVO DE PRAZO AO CONTRATO

8.3.1 Previsão no edital e no contrato

A fim de propiciar uma contratação transparente e isonômica, sem a concessão indiscriminada de benefícios após o encerramento da disputa, para que seja possível deferir a prorrogação do prazo de vigência do contrato, o edital deve prever a possibilidade de tal prorrogação de prazo. Os licitantes, já na fase de disputa, devem conhecer as regras da disputa propriamente dita e da execução contratual. Assim, a prorrogação de um contrato sem previsão no edital e no próprio contrato é um benefício ilegal concedido ao contratado.

8.3.2 Demonstração da vantajosidade da prorrogação

Sobre a vantajosidade da contratação e os diversos fatores que a compõem, não apenas preço mais baixo, Torres (2021, p. 581) explica que:

> Além do preço, a qualidade do fornecimento, o histórico do fornecedor e da organização naquele tipo de contratação, a possibilidade de ganhos de eficiência com a continuidade contratual, riscos e custos de uma nova licitação, entre outros elementos, devem ser sopesados.

Seja qual for o objeto do contrato – aquisição de bens, prestação de serviço ou obra –, a vantajosidade da prorrogação deverá estar demonstrada, e não apenas atestada pela área técnica.

8.3.3 Demonstração da manutenção dos requisitos de habilitação

No art. 92 da Lei n. 14.133/2021, constam as cláusulas necessárias de todo contrato administrativo. Entre elas, está a obrigação do contratado de manter, durante toda a execução do contrato, em compatibilidade com as obrigações por ele assumidas, todas as condições exigidas para a habilitação na licitação.

Além disso, o § 4º do art. 91 da Lei n. 14.133/2021 exige que, antes de formalizar ou prorrogar o prazo de vigência do contrato, a

Administração Pública verifique a regularidade fiscal do contratado, consulte o Cadastro Nacional de Empresas Inidôneas e Suspensas (CEIS) e o Cadastro Nacional de Empresas Punidas (CNEP), emita as certidões negativas de inidoneidade, de impedimento e de débitos trabalhistas e junte-as ao respectivo processo.

8.3.4 Demonstração da existência de orçamento vigente

O art. 150 da Lei n. 14.133/2021 é claro ao exigir que nenhuma contratação seja feita sem a caracterização adequada de seu objeto e sem a indicação dos créditos orçamentários para pagamento das parcelas contratuais vincendas no exercício em que for realizada a contratação, sob pena de nulidade do ato e de responsabilização de quem lhe tiver dado causa.

Portanto, é necessário que o parecerista recomende a indicação dos créditos orçamentários para pagamento das parcelas contratuais vincendas.

8.3.5 Demonstração da vigência do contrato

Quando da análise do pedido de prorrogação de prazo, o parecerista deve observar se o contrato que se pretende prorrogar ainda está vigente[79]. Não se prorroga contrato vencido.

8.3.6 Aceitação do contratado

Ao realizar a análise da instrução processual, o parecerista jurídico também deve observar se restou demonstrada a aceitação do contratado, já que não é obrigado a aceitar a prorrogação do prazo. Esse

---

79 AGU, Orientação Normativa n. 3/2009: "Na análise dos processos relativos à prorrogação de prazo, cumpre aos órgãos jurídicos verificar se não há extrapolação do atual prazo de vigência, bem como eventual ocorrência de solução de continuidade nos aditivos precedentes, hipóteses que configuram a extinção do ajuste, impedindo a sua prorrogação".

TCU, Acórdão n. 2.569/2010, 1ª Câmara: "No caso de prorrogação contratual, o termo de aditamento deve ser providenciado até o término da vigência da avença originária. Transposta tal data, não será mais possível a prorrogação ou continuidade da execução, sendo considerado extinto o contrato".

requisito deve ser observado em contratações específicas (por exemplo, de fornecimento e prestação de serviço contínuo). Por óbvio, nos contratos em que o contratado ainda não tiver concluído a sua contraprestação, não há que se falar em concordância do contratado, já que a concordância se deu quando da assinatura do instrumento contratual originário.

8.4 OBSERVAÇÕES FINAIS: DIVULGAÇÃO DO ADITIVO, AUSÊNCIA DE DIREITO LÍQUIDO E CERTO À PRORROGAÇÃO

O art. 54 da Lei n. 14.133/2021 determina que a publicidade do edital de licitação será realizada mediante divulgação e manutenção do inteiro teor do ato convocatório e de seus anexos no Portal Nacional de Contratações Públicas (PNCP).

O art. 174, § 2º, dispõe que o PNCP conterá, entre outras, as informações acerca dos contratos e termos aditivos. O aditivo, portanto, deve ser publicado no PNCP.

O *caput* do art. 91 determina que os contratos e seus aditamentos terão forma escrita e serão juntados ao processo que tiver dado origem à contratação, divulgados e mantidos à disposição do público em sítio eletrônico oficial.

Uma dúvida comum é a forma em que se dará a prorrogação. A prorrogação de prazo não pode ocorrer por apostilamento. O apostilamento em um contrato administrativo é reservado para inserir informações que não alteram a substância do contrato, como é o caso do reajustamento, decorrente da mera aplicação de um índice, já previsto no contrato.

Diferente é a prorrogação de prazo de um contrato, que deve ocorrer por meio de um aditivo, pois, nesse caso, está-se diante de uma alteração do instrumento original firmado entre as partes.

Quanto ao direito à prorrogação, por se tratar de um ato discricionário da Administração Pública, o plenário do TCU, no Acórdão n. 2.660/2021, entendeu que não há direito líquido e certo à prorrogação de contrato celebrado com o Poder Público, mas sim mera expectativa de direito.

Assim, existe a mera possibilidade de a Administração Pública deferir o pleito de aditivo da contratada, o que também não comporta o entendimento de que, uma vez deferido, sempre o será.

Interessante o entendimento proferido no Acórdão n. 2.345/2017, do Plenário do TCU, segundo o qual:

> o atraso injustificado na execução de obras públicas é ocorrência de extrema gravidade, de maneira que o órgão contratante tem o dever de adotar as medidas cabíveis para aplicar as multas contratuais e demais penalidades previstas em lei nos atrasos advindos de incapacidade ou mora da contratada.

Sobre a prorrogação injustificada do prazo contratual com custos adicionais para a Administração Pública, a Lei n. 14.133/2021 prevê, no art. 6º, inciso LVII, alínea *d*, que se trata de uma situação ensejadora de superfaturamento.

Capítulo 9

PARECER JURÍDICO NOS PROCESSOS DE CONTRATAÇÃO DIRETA

9.1 INTRODUÇÃO

Ao falarmos de licitação, estamos nos referindo a escolher objetos e interessados em os executar. Para a concretização dessa escolha, a Administração Pública tem o dever constitucional de observar o procedimento legal para a seleção dos interessados em com ela contratar.

À primeira vista, parece ser uma definição simples e enxuta, mas que, mesmo assim, consegue apontar o tripé principiológico da competição que caracteriza uma licitação: impessoalidade, competitividade e interesse público. Como consequência desses princípios, não se deve direcionar um certame em favor de determinado interessado, em obediência à impessoalidade; não se deve criar exigências desnecessárias aos licitantes, em atendimento à competitividade; e todos os atos da Administração Pública devem ser lastreados no interesse público.

No entanto, a própria Constituição Federal já previu que, em algumas situações, expressamente previstas em lei, o interesse público não será atendido caso haja licitação. A título de exemplo, temos as emergências, os desastres naturais, a falta de fornecedores interessados na licitação, o abandono de obras inacabadas, a contratação de um show artístico, entre outras.

Para essas situações, a lei prevê a possibilidade de contratação direta. A contratação direta é gênero em que há duas espécies: a dispensa e a inexigibilidade.

Em linhas gerais, a inexigibilidade acontece quando há a impossibilidade de competição. O art. 74 da Lei n. 14.133/2021 elenca hipóteses exemplificativas de inviabilidade de competição. Já na dispensa de licitação, a competição é possível, mas, diante de algumas situações, a lei permite a contratação direta, dispensando o processo licitatório ordinário. O art. 75 da Lei n. 14.133/2021 traz um rol taxativo de possibilidades de dispensa.

Antes de tratarmos sobre as regras a serem obedecidas e o que o parecerista deverá observar ao realizar o controle prévio de legalidade nas contratações diretas, é importante ressaltarmos que a licitação é a regra. Sendo essa a regra, prevista na Constituição Federal no art. 37, inciso XXI, a contratação direta é a exceção e, sob essa ótica, deve ser analisada.

É importante também destacarmos desde já uma diferença em relação à Lei n. 8.666/1993. Na Lei n. 8.666/1993, o parágrafo único do art. 38 dispunha que as minutas de editais de licitação, bem como as dos contratos, acordos, convênios ou ajustes, deveriam ser previamente examinadas e aprovadas por assessoria jurídica da Administração. Não havia, portanto, nenhuma menção à necessidade de manifestação pelo órgão de assessoramento jurídico acerca da contratação direta.

Sobre a instrução dos processos de contratação direta, a Lei n. 8.666/1993 exigia que houvesse:

> a) a caracterização da situação emergencial, calamitosa ou de grave e iminente risco à segurança pública que justificasse a dispensa, quando for o caso;
>
> b) a razão da escolha do fornecedor ou executante;
>
> c) a justificativa do preço;
>
> d) o documento de aprovação dos projetos de pesquisa aos quais os bens seriam alocados.

Sobre a contratação direta, a Lei n. 14.133/2021 previu de modo diferente. O art. 54, § 4º, dispõe que, por meio de um parecer jurídico, o órgão de assessoramento jurídico realizará, mediante análise jurídica da contratação, o controle prévio de legalidade de contratações diretas. O organograma a seguir elucida o caminho dessa decisão administrativa:

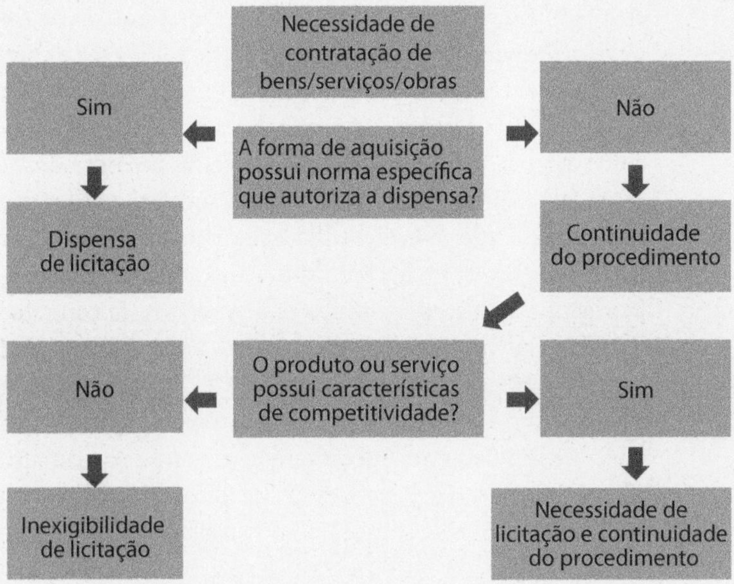

9.2 PONTOS GERAIS DE ANÁLISE DO PROCESSO DE CONTRATAÇÃO DIRETA PELO ÓRGÃO DE ASSESSORAMENTO JURÍDICO

Como já exposto no item 1, o processo de contratação direta é a exceção e, como exceção, deve ser analisado pelo órgão de assessoramento jurídico.

A contratação direta, seja por dispensa ou inexigibilidade, requer a elaboração de um processo formal, que deve ser instruído pelos documentos elencados no art. 72 da Lei n. 14.133/2021, quais sejam:

a) Documento de formalização de demanda e, se for o caso, estudo técnico preliminar, análise de riscos, termo de referência, projeto básico ou projeto executivo: por meio desses documentos, a Administração Pública expõe a necessidade que pretende atender, alinhada ao interesse público, bem como delimita o objeto a ser contratado que atenderá à necessidade exposta.
b) Estimativa de despesa, que deverá ser calculada na forma estabelecida no art. 23 da Lei n. 14.133/2021: o art. 23 foi uma grande inovação da referida lei, trazendo regras e parâmetros para a formação do valor previamente estimado da contratação. Na contratação direta, a definição do valor previamente

estimado ganha relevância, já que não haverá uma fase competitiva, na qual seja possível a redução do valor a ser contratado. Ressaltamos que a possibilidade de contratação direta não exime o administrador da busca pela proposta mais vantajosa, com valores compatíveis com os praticados no mercado, bem assim o respeito às regras pertinentes à formação de preços.

c) Parecer jurídico e pareceres técnicos, se for o caso, que demonstrem o atendimento dos requisitos exigidos: como já exposto, a exigência de parecer jurídico nos processos de contratação direta é uma novidade da Lei n. 14.133/2021. O art. 26 da Lei n. 8.666/1993, que trazia os requisitos de instrução do processo de contratação direta, não indicava o parecer jurídico, nem o técnico. É interessante notar que, ao tratar do parecer jurídico e técnico, a lei usa a expressão "se for o caso". Entendemos que, caso haja regulamentação, é possível prever a dispensa de emissão de parecer jurídico em determinadas situações.
d) Demonstração da compatibilidade da previsão de recursos orçamentários com o compromisso a ser assumido: essa regra está associada à responsabilidade fiscal, que visa garantir o equilíbrio das contas públicas. Também tem consequências no mercado privado, já que, havendo garantia de compatibilidade de previsão de recursos orçamentários, existem menos chances de inadimplemento da obrigação, tornando a contratação menos arriscada e, em certa medida, com o preço mais próximo daquele praticado entre particulares.
e) Comprovação de que o contratado preenche os requisitos de habilitação e qualificação mínima necessária: os requisitos de habilitação são aqueles elencados nos arts. 62 a 69 da Lei n. 14.133/2021. A análise desses requisitos tem como objetivo aferir a capacidade do licitante, no caso contratado diretamente, de realizar o objeto da licitação.
f) Razão da escolha do contratado: não é propriamente uma novidade, pois tal exigência já constava no art. 26, parágrafo único, da Lei n. 8.666/1993.
g) Justificativa de preço: é interessante notar que o legislador não se contentou em indicar os parâmetros para a formação do preço (art. 23 da Lei n. 14.133/2021), mas também exige a

justificativa dele. Desde a sistemática da Lei n. 8.666/1993, é exigida a justificativa do preço, bem como a razão da escolha do contratado. Contudo, mesmo não sendo uma novidade, não é raro encontrar processos de contratação direta maculados pela ausência das justificativas do preço e da escolha do contratado. Os autos são instruídos apenas com cotações de preços, os famosos e superados "três orçamentos". Nesse sentido, trouxemos decisão do TCU (Acórdão n. 1.607/2014, Plenário, de relatoria do Ministro Augusto Sherman) que, embora prolatada no contexto da Lei n. 8.666/1993, é plenamente aplicável e compatível com a Lei n. 14.133/2021:

> 9.3.2. no processo de Dispensa de Licitação 11/2013, não constaram do respectivo processo administrativo elementos suficientes para demonstrar a compatibilidade dos preços a contratar, com aqueles vigentes no mercado ou com os fixados por órgão oficial competente, ou, ainda, com os que constam em sistemas de registro de preços, nem ficou demonstrado haver sido consultado o maior número possível de fornecedores ou executantes, com vistas a que restasse demonstrado ser a opção escolhida, em termos técnicos e econômicos, a mais vantajosa para a Administração, em desacordo com o disposto nos incisos II e III do parágrafo único do art. 26 da Lei 8.666/1993.

h) Autorização da autoridade competente: por fim, como último requisito, a Lei n. 14.133/2021 exige a demonstração da autorização da autoridade competente.

Um questionamento que pode surgir quando da elaboração do parecer jurídico é sobre a extensão e a profundidade da análise a ser empreendida pelo órgão de assessoramento jurídico. Por exemplo, poderia se questionar se o órgão de assessoramento jurídico poderia aprovar ou não a estimativa de despesa realizada pela área demandante ou, numa análise mais técnica, afirmar que a estimativa de despesa não encontra amparo no mercado.

Acerca desse ponto, é preciso assentar que não cabe ao órgão de assessoramento jurídico analisar se a estimativa de despesa está adequada, se reflete os valores praticados no mercado, se há ou não sobrepreço. Tais matérias são de ordem técnica e pela área técnica devem ser respondidas, não sendo sindicáveis pelo órgão de assessoramento jurídico quando da análise jurídica da contratação.

Na análise dos documentos que formalizaram a estimativa da despesa, o controle prévio de legalidade do parecerista deve recair sobre o cumprimento dos requisitos legais que, no caso, estão descritos no art. 23 da Lei n. 14.133/2021.

Não atendidos os parâmetros legais, o parecerista deve requisitar à área técnica que refaça a estimativa, respeitando integralmente o disposto em lei.

Considerando-se que, pelo art. 53 da Lei n. 14.133/2021, incumbe ao órgão de assessoramento jurídico o controle prévio de legalidade da contratação, deve o parecerista observar, em sua análise, o cumprimento de todas as exigências expostas. Na falta de alguma delas, deve devolver o processo para a área técnica e/ou demandante, recomendando o atendimento, sob pena de não aprovação jurídica.

9.3 ADVERTÊNCIA SOBRE A POSSIBILIDADE DE RESPONSABILIDADE SOLIDÁRIA ENTRE CONTRATADO E AGENTE PÚBLICO RESPONSÁVEL

Uma inovação trazida pela Lei n. 14.133/2021 (e que merece, inclusive, um tópico de alerta no parecer jurídico) é a possibilidade de responsabilização solidária entre o contratado e o agente público responsável, no caso de contratação direta indevida, prevista no art. 73.

Trata-se de uma inovação porque a Lei n. 14.133/2021 ampliou a possibilidade de responsabilização, já que na Lei n. 8.666/1993 estava limitada, conforme o art. 25, § 2º, aos casos de comprovado superfaturamento, hipóteses em que responderiam solidariamente pelo dano causado à Fazenda Pública o fornecedor ou o prestador de serviços e o agente público responsável.

Diante de uma dispensa ou inexigibilidade, o parecerista deve lembrar-se de que a contratação direta fora das hipóteses legais é crime. Possibilitar uma contratação direta fraudulenta é tipo penal, assim como frustrar o caráter competitivo do processo licitatório; e, a depender do liame subjetivo entre os agentes, o assessor pode concorrer no mesmo crime.

A Lei n. 14.133/2021 criou um capítulo especial do Código Penal para os crimes praticados em licitações[80], entre eles:

[80] Capítulo II-B – Dos Crimes em Licitações e Contratos Administrativos – Art. 337-E a 337-P.

> Art. 337-E. Admitir, possibilitar ou dar causa à contratação direta fora das hipóteses previstas em lei:
>
> Pena – reclusão, de 4 (quatro) a 8 (oito) anos, e multa.
>
> Art. 337-F. Frustrar ou fraudar, com o intuito de obter para si ou para outrem vantagem decorrente da adjudicação do objeto da licitação, o caráter competitivo do processo licitatório:
>
> Pena – reclusão, de 4 (quatro) anos a 8 (oito) anos, e multa.

Assim, é uma premissa a ser sempre considerada a de que as possibilidades de contratação direta têm interpretação restritiva, não podendo o administrador ampliar o rol previsto nem por decreto, muito menos por analogia ou por qualquer meio de interpretação hermenêutica.

CHECKLIST		
Requisito	Dispositivo legal	Cumprimento (fls.)
I – Documento de formalização de demanda e, se for o caso, estudo técnico preliminar, análise de riscos, termo de referência, projeto básico ou projeto executivo	Art. 72	
II – Estimativa de despesa (nos moldes do art. 23)	Art. 72 e art. 23	
III – Parecer jurídico e pareceres técnicos, se for o caso, que demonstrem o atendimento dos requisitos exigidos	Art. 72	
IV – Demonstração da compatibilidade da previsão de recursos orçamentários com o compromisso a ser assumido	Art. 72	
V – Comprovação de que o contratado preenche os requisitos de habilitação e qualificação mínima necessária	Art. 72	
VI – Razão da escolha do contratado	Art. 72	
VII – Justificativa de preço	Art. 72	
VIII – Autorização da autoridade competente	Art. 72	

Capítulo 10

PARECER JURÍDICO NOS PROCESSOS DE INEXIGIBILIDADE DE LICITAÇÃO

10.1 INTRODUÇÃO

Vistos os documentos que são comuns à instrução de processos de contratação direta – dispensa e inexigibilidade –, os quais devem ser conferidos e analisados pelo órgão de assessoramento jurídico, vamos adentrar os pontos sensíveis aos pareceres de contratações por inexigibilidade.

A inexigibilidade de contratação está prevista no art. 74 da Lei n. 14.133/2021. O *caput* do art. 74 é claro ao dispor que, quando inviável a competição, é inexigível a licitação. O *caput* traz ainda a expressão "em especial nos casos de", deixando igualmente claro que os incisos do art. 74 trazem exemplos de situações nas quais é inviável a competição e, portanto, a licitação será inexigível.

Portanto, assim como na Lei n. 8.666/1993, as inexigibilidades previstas na Lei n. 14.133/2021 são situações em que há impossibilidade de competição, optando o legislador por elencar hipóteses exemplificativas em que essa impossibilidade ocorre, como no caso de produtos exclusivos, que só podem ser fornecidos por um único produtor/empresa/representante, ou para a contratação de profissionais artísticos ou de serviços técnicos especializados de natureza predominantemente intelectual.

10.2 CONTROLE DE LEGALIDADE PELO ÓRGÃO DE ASSESSORAMENTO JURÍDICO

Conforme já exposto no capítulo anterior, o § 4º do art. 53 da Lei n. 14.133/2021 não deixa dúvida de que o órgão de assessoramento jurídico da Administração Pública também realizará controle prévio de legalidade de contratações diretas – contratações por meio de dispensas e de inexigibilidades. Então, partindo do pressuposto de que cabe ao órgão de assessoramento jurídico emitir parecer sobre o processo de contratação por inexigibilidade, alguns elementos devem ser verificados pelo parecerista quando está diante desse tipo de processo. São eles:

a) demonstração da inviabilidade de competição pela área técnica/demandante;
b) se a inviabilidade de competição apontada pela área técnica demandante está prevista no rol exemplificativo do art. 74 da Lei n. 14.133/2021;
c) caso a inviabilidade de competição apontada não esteja prevista no rol exemplificativo do referido artigo, se há demonstração da inviabilidade de competição pela área técnica/demandante;
d) se as justificativas apresentadas estão embasadas em documentação apta a comprovar a inviabilidade da competição;
e) adequada instrução, conforme o art. 72.

Importante destacar que não cabe ao parecerista avaliar o mérito da inviabilidade atestada pela área técnica, manifestando-se, por exemplo, quanto a se houve ou não acerto sobre a escolha do fornecedor. Ao parecerista, cabe a verificação de legalidade, mediante a verificação da instrução processual, conforme os parâmetros definidos em lei.

10.2.1 Indicação dos documentos necessários

Atento à dificuldade prática de demonstração da inviabilidade de competição, o legislador inovou em relação à Lei n. 8.666/1993 ao prever na Lei n. 14.133/2021, para cada situação de inexigibilidade, qual a documentação comprobatória. Essa indicação não só orienta a área técnica na fase de instrução processual, como também delimita o trabalho do parecerista

Nesse sentido, uma sequência para o encadeamento lógico do parecer jurídico pode ser assim demonstrada:

Ausência de competição → previsão legal → documento comprobatório

Interessante notar que o art. 74 contém cinco incisos, com situações ensejadoras de contratação por inexigibilidade. Entretanto, os parágrafos do art. 74 só indicam os documentos comprobatórios necessários para as situações descritas nos incisos I, II, III e V, não indicando quais os documentos necessários para comprovar que um objeto possa ou deva ser contratado por meio de credenciamento[81] (situação do inciso IV). No caso de credenciamento, deve-se buscar o enquadramento no art. 79 da Lei n. 14.133/2021.

A falta de qualquer desses elementos faz com que a inexigibilidade esteja fora dos parâmetros legais, cabendo ao parecerista a emissão de um parecer opinando pela descontinuidade dessa contratação ou saneamento pela área técnica, quando for o caso.

Vejamos os casos especificados em lei de inexigibilidade e os requisitos e documentos capazes de comprovar a inviabilidade de competição.

Previsão legal	Requisitos/documentos comprobatórios
I – Aquisição de materiais, de equipamentos ou de gêneros ou contratação de serviços que só possam ser fornecidos por produtor, empresa ou representante comercial exclusivos	Atestado de exclusividade, contrato de exclusividade, declaração do fabricante ou outro documento idôneo capaz de comprovar que o objeto é fornecido ou prestado por produtor, empresa ou representante comercial exclusivos, vedada a preferência por marca específica.

[81] Sobre o credenciamento, interessante é a manifestação do TCU no Acórdão n. 533/2022, do Plenário: "Como já dito, o TCU já tinha o entendimento de que, embora não estivesse previsto nos incisos do art. 25 da Lei 8.666/1993, o credenciamento era admitido 'como hipótese de inexigibilidade inserida no *caput* do referido dispositivo legal, porquanto a inviabilidade de competição configura-se pelo fato de a Administração dispor-se a contratar todos os que tiverem interesse e que satisfaçam as condições por ela estabelecidas, não havendo, portanto, relação de exclusão. Para a regularidade da contratação direta, é indispensável a garantia da igualdade de condições entre todos os interessados hábeis a contratar com a Administração, pelo preço por ela definido'. [...] 20. Fica explícito, pois, que a prática administrativa e o TCU, na sua jurisprudência, elegeram o credenciamento como uma das hipóteses de inexigibilidade de licitação baseadas no *caput* do art. 25 da Lei 8.666/1993 (esse *caput* trazia exemplos, mas não impedia que outras hipóteses de inexigibilidade pudessem ser utilizadas pelo gestor). 21. Nesse sentido, é importante ressaltar a tendência do TCU em respaldar soluções inovadoras eficazes, como foi o caso dos diversos credenciamentos realizados. E a importância das deliberações desta Corte de Contas, abonando a utilização desse instrumento, é refletida justamente em sua positivação na lei".

II – Contratação de profissional do setor artístico, diretamente ou por meio de empresário exclusivo, desde que consagrado pela crítica especializada ou pela opinião pública	Considera-se empresário exclusivo a pessoa física ou jurídica que possua contrato, declaração, carta ou outro documento que ateste a exclusividade permanente e contínua de representação, no País ou em Estado específico, do profissional do setor artístico, afastada a possibilidade de contratação direta por inexigibilidade por meio de empresário com representação restrita a evento ou local específico.
III – Contratação dos serviços técnicos especializados de natureza predominantemente intelectual com profissionais ou empresas de notória especialização, vedada a inexigibilidade para serviços de publicidade e divulgação (rol dos serviços no art. 74, inciso III)	Considera-se de notória especialização o profissional ou a empresa cujo conceito no campo de sua especialidade, decorrente de desempenho anterior, estudos, experiência, publicações, organização, aparelhamento, equipe técnica ou outros requisitos relacionados com suas atividades, permita inferir que o seu trabalho é essencial e reconhecidamente adequado à plena satisfação do objeto do contrato.
IV – Objetos que devam ou possam ser contratados por meio de credenciamento	n. 14.133/2201: Casos de contratação: I – paralela e não excludente: caso em que é viável e vantajosa para a Administração a realização de contratações simultâneas em condições padronizadas; II – com seleção a critério de terceiros: caso em que a seleção do contratado está a cargo do beneficiário direto da prestação; III – em mercados fluidos: caso em que a flutuação constante do valor

	Requisitos previstos no art. 79 da Lei da prestação e das condições de contratação inviabiliza a seleção de agente por meio de processo de licitação. **Obs.:** ***Casos de credenciamento devem observar todas as previsões do art. 79.***
V – Aquisição ou locação de imóvel cujas características de instalações e de localização tornem necessária sua escolha	Devem ser observados os seguintes requisitos: I – avaliação prévia do bem, do seu estado de conservação, dos custos de adaptações, quando imprescindíveis às necessidades de utilização, e do prazo de amortização dos investimentos; II – certificação da inexistência de imóveis públicos vagos e disponíveis que atendam ao objeto; III – justificativas que demonstrem a singularidade do imóvel a ser comprado ou locado pela Administração e que evidenciem vantagem para ela.

10.3 HIPÓTESES DE INEXIGIBILIDADE PREVISTAS NO ART. 74 DA LEI N. 14.133/2021

Superada a questão da instrução processual (art. 72), advertência acerca das consequências de uma contratação indireta indevida (art. 73[82]), bem como o enquadramento e a demonstração de uma inexigibilidade, façamos pontuais observações sobre algumas das possibilidades de inexigibilidade previstas na Lei n. 14.133/2021, no que toca à atividade do parecerista, tendo em vista o objetivo de direcionamento da atuação dos profissionais.

82 Art. 337-F do Código Penal, alterado pela Lei n. 14.133/2021. Nunca é demais repetir que, mesmo diante de uma inexigibilidade, cujo rol é exemplificativo, admitir, possibilitar ou dar causa a contratação direta fora dos casos previstos em lei é crime tipificado no Código Penal.

10.3.1 Produtor, empresa ou representante comercial exclusivos

Para que se configure a exclusividade de produtor, empresa ou representante comercial exclusivos, comumente indicados pela expressão genérica "fornecedor exclusivo", a ponto de justificar a contratação direta por inexigibilidade, é necessária a comprovação de dois requisitos cumulativos: I – bens que só podem ser fornecidos por um produtor, empresa ou representante comercial, vedada a preferência de marca; II – comprovação da exclusividade por meio de atestado de exclusividade ou documento idôneo.

Uma dificuldade encontrada na prática administrativa era a insegurança com relação à veracidade da documentação apresentada pelo próprio fornecedor exclusivo. Já no contexto da Lei n. 8.666/1993, atento a essa dificuldade, o TCU editou a Súmula 255, que tratava do tema:

> Nas contratações em que o objeto só possa ser fornecido por produtor, empresa ou representante comercial exclusivo, é dever do agente público responsável pela contratação a adoção das providências necessárias para confirmar a veracidade da documentação comprobatória da condição de exclusividade.

Considere-se, ainda, que a exclusividade que justifica a contratação direta é a do produto, e não a da marca. O fato de determinada empresa possuir representação exclusiva para fornecer um bem de determinada marca (empresa autorizada exclusiva) não configura, por si só, a inviabilidade de competição.

10.3.2 Contratação dos serviços técnicos especializados de natureza predominantemente intelectual com profissionais ou empresas de notória especialização

O art. 74, inciso III, da Lei n. 14.133/2021 elenca o rol de serviços técnicos especializados que poderão ser contratados por inexigibilidade, vedando expressamente os serviços de publicidade e divulgação, os quais nunca poderão ser contratados nessa modalidade, por mais notória que seja a empresa.

Isso porque a contratação de publicidade e divulgação é regida por lei especial, a Lei n. 12.232/2010. Assim, se o parecerista estiver diante da contratação de publicidade, a primeira medida a ser tomada é verificar a observância da legislação específica e, partir dos parâmetros dela, realizar o controle prévio de legalidade.

O próximo ponto a ser observado é a notória especialização, que há de ser comprovada por documentação hábil, tal como previsto expressamente na lei.

E a singularidade do objeto? A Lei n. 8.666/1993, ao tratar dos serviços técnicos especializados, além da notória especialização previa de maneira expressa que o serviço deveria ser de natureza singular. Essa singularidade foi suprimida na Lei n. 14.133/2021, o que levou o STJ, em recente decisão, a firmar a seguinte tese a respeito da contratação de serviços advocatícios:

> No entanto, com o advento da Lei n. 14.133/2021, nos termos do art. 74, III, o requisito da singularidade do serviço advocatício deixou de ser previsto em lei, passando a ser exigida a demonstração da notória especialização e a natureza intelectual do trabalho. Essa interpretação, aliás, é reforçada pela inclusão do art. 3º-A do Estatuto da Advocacia pela Lei n. 14.039/2020, segundo o qual "os serviços profissionais de advogado são, por sua natureza, técnicos e singulares, quando comprovada sua notória especialização, nos termos da lei". Desse modo, considerando que o serviço de advocacia é por natureza intelectual e singular, uma vez demonstrada a notória especialização e a necessidade do ente público, será possível a contratação direta. (AgRg no Habeas Corpus 669.347/SP. Julgado em 13/12/2021).

Por tratar-se de uma legislação recente, ainda pairam sobre a Lei n. 14.333/2021 muitas discussões e entendimentos ainda não devidamente assentados. A decisão do STJ é um norte para onde podem caminhar as decisões judiciais futuras.

Restam, portanto, como requisitos para a contratação desses serviços técnicos especializados: a natureza predominantemente intelectual, a execução por profissionais ou empresas de notória especialização e o enquadramento no rol de serviços técnicos especializados previsto no art. 74, inciso III, alíneas de *a* a *h*. Cabe ressaltar que a manifestação técnica e a comprovação dos requisitos são de responsabilidade da área técnica/demandante. Ao parecerista, caberá verificar o atendimento dos requisitos legais e, quando não devidamente instruído o processo ou justificada a contratação, devolver o processo para a área técnica com recomendações de diligências para suprir as falhas identificadas.

Destaque-se que, quando a contratação de determinado objeto ficar caracteriza pela inviabilidade de competição e não se enquadrar nas hipóteses elencadas nos incisos I a V do art. 74, poderá ser fundamentada a contratação por inexigibilidade com base no *caput* desse artigo.

10.3.3 Objetos que possam ser contratados por credenciamento e aquisição ou locação de imóvel cujas características tornem necessária sua escolha

Na Lei n. 8.666/1993, a aquisição ou locação de imóvel cujas necessidades de instalação e localização fossem condicionantes de sua escolha estava prevista no art. 24, inciso X. Era, portanto, uma hipótese de licitação dispensável. Contudo, não era difícil concluir que tal situação estava mal alocada entre as demais hipóteses de dispensa, porque, na dispensa, a competição é viável, contudo é contrária ao interesse público. Assim, se as características de determinado imóvel são decisivas para a sua escolha e considerando-se que cada imóvel é único, seria impossível promover a disputa e a escolha por meio de critérios objetivos previamente definidos num edital, chegando-se, portanto, a uma situação de inexigibilidade de licitação. Por tais razões, a aquisição ou locação de imóvel cujas necessidades de instalação e localização fossem condicionantes de sua escolha era uma situação de inexigibilidade de licitação mal alocada entre as hipóteses de dispensa.

Ao mudar tal situação para uma daquelas situações exemplificativas de inexigibilidade, o legislador apenas operou uma correção tópica que já era reconhecida pela doutrina.

Com relação ao credenciamento, há uma verdadeira inovação legislativa que veio ao encontro do que já ocorria na prática administrativa. O credenciamento não estava previsto na legislação anterior, no entanto havia uma sedimentada construção jurisprudencial que pavimentou a inclusão normativa.

Na Lei n. 14.133/2021, no art. 78, ao lado da pré-qualificação, procedimento de manifestação de interesse, sistema de registro de preços e registro cadastral, o credenciamento foi previsto como um procedimento auxiliar de licitação.

O conceito de credenciamento está previsto no inciso XLIII do art. 6º, segundo o qual é um processo administrativo de chamamento público em que a Administração Pública convoca interessados em prestar serviços ou fornecer bens para que, preenchidos os requisitos necessários, se credenciem no órgão ou na entidade para executar o objeto quando convocados.

O art. 79 da Lei n. 14.133/2021 prevê três hipóteses em que será possível utilizar o credenciamento: a) em contratação paralela e não excludente; b) em contratação em que a seleção do contratado ficará a critério de terceiros; e c) em contração em mercados fluidos.

Diante de um processo de inexigibilidade cujo objetivo seja a contratação de objetos que devam ou possam ser contratados por meio de credenciamento, o parecerista deve conferir se a matéria foi objeto de regulamentação, conforme previsto no parágrafo único do art. 79.

Caso tenha sido objeto de regulamentação, deve o parecerista observar se houve respeito à norma regulamentar, bem como às regras procedimentais do parágrafo único do art. 79. Sobre o enquadramento do objeto entre as hipóteses dos incisos I a III do referido artigo, entendemos que cabe à área técnica atestar e justificar o enquadramento, cabendo ao parecerista observar se constam nos autos as justificativas para tanto, não competindo a ele interferir na manifestação técnica, calcada no conceito do objeto e das condições de mercado.

10.4 ELEMENTOS ESSENCIAIS DO PARECER DE INEXIGIBILIDADE

O ponto de partida para a elaboração do parecer jurídico em processo licitatório é entender que a Lei n. 14.133/2021 conferiu ao órgão de assessoramento jurídico a atribuição de realizar um controle prévio de legalidade por meio de uma análise jurídica da contratação. Sendo uma análise jurídica, não compete ao órgão de assessoramento jurídico imiscuir-se em questões técnicas e mercadológicas da contratação, manifestando-se pelo acerto ou não do conteúdo técnico.

Feito esse breve e importante resgate, chamamos a atenção do parecerista para o eixo comum de instrução, previsto no art. 72 da Lei n. 14.133/2021, que diz respeito especificamente ao processo de contratação direta. À luz do art. 72, o parecerista deve observar se o processo foi instruído com:

1º) documento de formalização de demanda e, se for o caso, estudo técnico preliminar (art. 6º, inciso XX; art. 18, § 1º), análise de riscos, termo de referência (art. 6º, inciso XXIII; art. 40, § 1º), projeto básico (art. 6º, inciso XXV) ou projeto executivo (art. 6º, inciso XXV);
2º) estimativa de despesa, que deverá ser calculada na forma estabelecida no art. 23 da Lei n. 14.133/2021:
3º) parecer jurídico e pareceres técnicos, se for o caso, que demonstrem o atendimento dos requisitos exigidos;
4º) demonstração da compatibilidade da previsão de recursos orçamentários com o compromisso a ser assumido;
5º) comprovação de que o contratado preenche os requisitos de habilitação e qualificação mínima necessária;
6º) razão da escolha do contratado;
7º) justificativa de preço;
8º) autorização da autoridade competente.

Quanto à justificativa do preço, é comum haver confusão quando se trata de produtor, empresa ou representante comercial exclusivo, pairando a falsa ideia de que o futuro contratado poderia determinar o preço que bem entendesse, já que não haveria outro para concorrer nesse sentido. Esse não deve ser o entendimento sobre o tema. Ainda que se trate de um produtor, empresa ou representante comercial exclusivo, é possível a justificativa do preço, que deve estar lastreada em contratos, notas fiscais anteriores, que demonstrem que o preço ofertado atualmente é, ainda que proporcionalmente, compatível com o preço que já vem sendo praticado. Quando houver aumento em relação ao que produtor, empresa ou representante comercial exclusivo vem praticando, é preciso justificar, demonstrando as diferenças de uma e outra contratação. Em resumo, não é porque se trata de produtor, empresa ou representante comercial exclusivo que a Administração

Pública está autorizada a contratar a qualquer preço, sem as justificativas necessárias.

Por fim, o que deve ser tratado em qualquer parecer de inexigibilidade de licitação? Todos os requisitos de contratação direta previstos no art. 72, somados com a comprovação da inviabilidade de competição.

Sugere-se que a análise do requisito da inviabilidade seja a primeira a ser feita, pois de nada importa, por exemplo, a perfeita estimativa de preços nesse processo quando não comprovada a inviabilidade de competição. Assim, essa análise é prejudicial à análise dos demais requisitos.

A dúvida quanto à impossibilidade de competição é fundamento suficiente para um parecer contrário à inexigibilidade; afinal, se existe concorrência, a regra é a licitação.

Concluída a análise desses elementos mínimos, temos um parecer que enfrentou os pontos mínimos exigidos por lei e que demonstrou o cumprimento da obrigação de controle prévio de legalidade. O parecer jurídico pode ser (e até recomenda-se que seja) objetivo, conciso e claro, desde que enfrente todos as exigências legais.

E se a documentação acostada não for suficiente para demonstrar a inviabilidade de competição? Há duas possibilidades:

a) a recomendação do parecerista à área técnica de que complemente as informações, caso a área solicitante ainda entenda pela inexigibilidade de licitação; ou, caso entenda pela viabilidade de competição, inicia-se a instrução de um processo licitatório ordinário, na modalidade adequada, de acordo com as características do objeto;
b) a contratação via dispensa de licitação, caso a área técnica entenda que a situação se enquadra em alguma exceção à obrigação de licitar prevista no art. 75 da Lei n. 14.133/2021.

Se for o caso de dispensa, temos um rol extenso e taxativo, cujas particularidades vamos tratar no capítulo a seguir.

CHECKLIST **Inexigibilidade**		
Requisito	**Dispositivo legal**	**Cumprimento (fls.)**
Manifestação técnica demonstrando a inviabilidade de competição	Art. 74	
Justificativa do preço com base no regulamento pertinente?	Art. 23	
Se não é possível estimar o valor do objeto, existe comprovação por algum meio idôneo de que os preços estão em conformidade com os praticados em contratações semelhantes de objetos de mesma natureza no período de até 1 (um) ano anterior à contratação?	Art. 23, § 4º	
Tratando-se de contratação de fornecedor exclusivo, com base no art. 74, inciso I, da Lei n. 14.133/2021, consta documento idôneo capaz de comprovar a exclusividade?	Art. 74	
Tratando-se de contratação de fornecedor exclusivo, com base no art. 74, inciso I, da Lei n. 14.133/2021, foi observada a vedação de preferência por marca específica?	Art. 74, § 1º	
Tratando-se de contratação de profissional do setor artístico por meio de empresário exclusivo, com base no art. 74, inciso II, da Lei n. 14.133/2021, consta documento idôneo que comprove a exclusividade permanente e contínua da representação, no País ou em Estado específico, sem limitação a evento ou local específico?	Art. 74, § 2º	
Tratando-se de aquisição ou locação de imóvel, com base no art. 74, inciso V, da Lei n. 14.133/2021, consta avaliação prévia do bem; certificação da inexistência de imóveis públicos vagos e disponíveis que atendam ao objeto; e justificativas que demonstrem a singularidade do imóvel a ser comprado ou locado pela Administração e que evidenciem vantagem para ela?	Art. 74, § 5º	

Capítulo 11

PARECER JURÍDICO NOS PROCESSOS DE DISPENSA DE LICITAÇÃO

11.1 INTRODUÇÃO

Vistos os elementos básicos norteadores da elaboração do parecer jurídico em processos de inexigibilidade, passemos a expor os elementos, igualmente norteadores, do parecer jurídico em processos de dispensa. Aqui, valem as mesmas considerações acerca dos documentos que são comuns à instrução de processos de contratação direta – dispensa e inexigibilidade –, os quais devem ser conferidos e analisados pelo órgão de assessoramento jurídico.

A dispensa de licitação está prevista no art. 75 da Lei n. 14.133/2021, que traz um rol exaustivo de 16 hipóteses de dispensa.

11.2 CONTROLE DE LEGALIDADE PELO ÓRGÃO DE ASSESSORAMENTO JURÍDICO

Ao contrário do que ocorre na inexigibilidade, em que a competição é inviável, na dispensa de licitação a competição é possível, mas, por expressa previsão legal, é permitida a contratação direta. Também ao contrário da inexigibilidade, cujo rol (constante do art. 74 da Lei n. 14.133/2021) é exemplificativo, a dispensa de licitação apresenta rol de hipóteses exaustivo, não podendo ser ampliado por decreto, nem por lei estadual ou municipal, já que se trata de norma geral de licitação, cuja competência para legislar é da União. É dizer: a lei cuidou de elencar situações excepcionais que flexibilizam a obrigação de licitar, sobre as quais é incabível qualquer interpretação extensiva.

Essas considerações iniciais – possibilidade de competição e rol exaustivo – já devem compor a análise jurídica da contratação inicial do parecerista. Assim, caso o gestor opte por licitar, mesmo sendo uma situação que se enquadre numa das hipóteses de dispensa do art. 74, o parecerista não poderá manifestar-se contrariamente.

11.2.1 O que o parecerista deve verificar em um processo de dispensa de licitação?

Ao realizar a análise jurídica da contratação, em síntese, o parecerista deve verificar:

a) se o caso concreto está previsto no rol taxativo do art. 75 da Lei n. 14.133/2021;
b) se existe justificativa e documentação capazes de embasar/comprovar a situação de fato que autoriza a contratação direta.

Assim como na inexigibilidade, nas dispensas de licitação as manifestações técnicas ganham importância e destaque. Isso porque o enquadramento da situação à hipótese de dispensa deve ser feito pela área técnica, cabendo também a ela a demonstração cabal da situação ensejadora de dispensa. Em algumas hipóteses, como é o caso de dispensa por contratação emergencial e aquela para suprir licitação deserta ou fracassada, entendemos que a área técnica deve demonstrar, também, as consequências negativas, caso o gestor opte por uma licitação com tramites ordinários.

Uma dúvida muito comum na prática é se o parecerista poderia divergir da área técnica quanto ao enquadramento, justificativas e embasamentos apresentados acerca da dispensa de licitação. A esse respeito, respostas categóricas e construídas *a priori*, sem referência a um caso contrato, devem ser evitadas, pois podem culminar em um dos seguintes extremos: 1) o parecerista não se manifestar ou fazê-lo de forma rasa sobre as manifestações da área técnica, deixando, assim, de cumprir o dever legal a ele atribuído de controle prévio de legalidade das contratações públicas; ou 2) o parecerista extrapolar a análise jurídica da contratação, imiscuindo-se em questões sobre as quais, ainda que tenha conhecimento, não tem competência para fazê-lo.

Portanto, diante de situações duvidosas, deve sempre o parecerista orientar-se por uma análise jurídica da contratação, que envolve a verificação dos requisitos e do cumprimento dos parâmetros legais. Em caso de dúvida sobre a adequada instrução processual, seja porque a situação não está adequadamente delineada ou porque não está devidamente instruída, deve o parecerista devolver o processo à área técnica com questionamentos e recomendações precisas, indicando os pontos obscuros e que merecem melhoria. Essas diligências são importantes não só para garantir a higidez da contratação, mas também para demonstrar o cumprimento pelo parecerista da atribuição legal a ele imposta.

Cabe lembrar que, por ser possível a competição, os casos de dispensa são alvo de fiscalizações mais rigorosas e severas críticas e penalidades pelos órgãos fiscalizadores quando mal aplicados. Portanto, deve o parecerista sempre considerar a interpretação restritiva dos casos em que a dispensa é possível e ter rigor em aferir os requisitos que permitem a dispensa para que essa possibilidade de compra direta não venha a ser um instrumento de direcionamento ilícito de compras e contratações.

Nunca é demais repetir que admitir, possibilitar ou dar causa a contratação direta fora dos casos previstos em lei é crime tipificado no Código Penal[83].

11.3 PRINCIPAIS HIPÓTESES DE LICITAÇÃO DISPENSÁVEL E A ATUAÇÃO DO PARECERISTA

A Lei n. 14.133/2021 trouxe uma extensa lista de situações que permitem ao gestor optar por não realizar licitação. Já que esta obra tem o objetivo de orientar a atuação do parecerista, trabalharemos as situações de dispensa de licitação que mais acontecem na prática e que, por via de consequência, geram maiores dúvidas e discussões.

a) Licitações de pequeno valor

Ao lado das contratações emergenciais, as dispensas em razão do pequeno valor, previstas no art. 75, incisos I e II, da Lei n. 14.133/2021, na prática são as hipóteses mais comuns de dispensa.

Na redação original da Lei n. 14.133/2021, nos termos do art. 75, incisos I e II, é dispensável a licitação para contratação que envolva valores inferiores a R$ 100.000,00 (cem mil reais), no caso de obras e serviços de engenharia ou de serviços de manutenção de veículos automotores. Também é dispensável a licitação para contratação que envolva valores inferiores a R$ 50.000,00 (cinquenta mil reais), no caso de outros serviços e compras.

[83] Art. 337-F do Código Penal, alterado pela Lei n. 14.133/2021.

Um dos problemas da contratação direta por pequeno valor vivenciado na sistemática anterior, da Lei n. 8.666/1993, era a defasagem dos valores. Esse problema foi solucionado pela Lei n. 14.133/2021, com a previsão, no art. 182, de que os valores serão atualizados pelo Poder Executivo a cada 1º de janeiro, com base no Índice Nacional de Preços ao Consumidor Amplo Especial (IPCA-E).

Atualmente, após as alterações do Decreto n. 10.922/2021, os valores dos incisos I e II do art. 75 passaram a ser de R$ 108.040,82 (cento e oito mil, quarenta reais e oitenta e dois centavos) e R$ 54.020,41 (cinquenta e quatro mil, vinte reais e quarenta e um centavos), respectivamente. Assim, ao analisar uma dispensa por valor, cabe ao parecerista verificar os limites vigentes no momento.

Ponto crucial ao se falar de dispensa por baixo valor é o chamado fracionamento de despesa, situação que, quando ocorre, caracteriza uma dispensa indevida. Na definição do TCU: "fracionamento, à luz da Lei de Licitações, caracteriza-se quando se divide a despesa para utilizar modalidade de licitação inferior à recomendada pela legislação para o total da despesa ou para efetuar contratação direta" (Senado Federal, 2010).

Essa discussão de fracionamento de despesa com o objetivo de fugir de determinada modalidade licitatória perdeu um pouco de sentido com a Lei n. 14.133/2021, já que, pela nova lei, o valor estimado da contratação não é mais o definidor da modalidade em que se processará a licitação. Contudo, a discussão do fracionamento permanece acesa quanto à fuga do procedimento licitatório.

A fim de afastar questionamentos sobre o fracionamento indevido de despesa, quando da análise jurídica da dispensa de licitação fundada em pequeno valor, o parecerista deve observar se a área técnica se manifestou expressamente sobre a aferição dos valores, conforme disposto no art. 75, § 1º, da Lei n. 14.133/2021, segundo o qual:

> § 1º Para fins de aferição dos valores que atendam aos limites referidos nos incisos I e II do caput deste artigo, deverão ser observados:
>
> I – o somatório do que for despendido no exercício financeiro pela respectiva unidade gestora;
>
> II – o somatório da despesa realizada com objetos de mesma natureza, entendidos como tais aqueles relativos a contratações no mesmo ramo de atividade.

A Lei n. 14.133/2021 não trouxe o conceito de unidade gestora, o que pode gerar confusão na aplicação prática do dispositivo. Entendemos que unidade gestora não pode ser considerado o ente federativo que está contratando, mas sim um órgão específico dele.

A fim de manter a contratação dentro dos limites de valores legais, cada unidade gestora deverá estimar o valor anual a ser gasto com objetos da mesma natureza. Do inciso II do § 1º do art. 75, extrai-se o conceito de objetos da mesma natureza como aqueles relativos a contratações do mesmo ramo de atividade[84].

Outro ponto que sempre merece atenção do parecerista quando da análise jurídica da contratação por dispensa em razão do valor é a pesquisa e a justificativa do preço. A rigorosa pesquisa de preços deve ser realizada nos moldes do art. 23 da Lei n. 14.133/2021. Entre outras consequências, uma adequada pesquisa de preço diminui a assimetria de informações existente entre a Administração Pública e o mercado privado.

Essa desigualdade de informações – em que, geralmente, a Administração Pública tem menos informação sobre as práticas de mercado do que os agentes do mercado privado – gera o ambiente propício para que fornecedores apresentem cotações irreais, infladas, induzindo a Administração Pública a uma compra menos vantajosa. É o que afirma o *Manual de compras diretas* do TCU85:

> A correta caracterização da dispensa em razão do valor pressupõe uma rica e criteriosa pesquisa de preços no mercado, como forma de combater a tendência de os preços se aproximarem do valor limite da contratação ou, em outras palavras, evitando que o procedimento, por ser menos formalista, induza o sobrepreço.

Ainda como uma forma de garantir a economia nas compras públicas em contraposição à limitação da competitividade presente nas dispensas, é a inteligência do § 3º do art. 75 da Lei n. 14.133/2021:

---

84 Coaduna-se com um entendimento do TCU, proferido no Acórdão n. 935/2007, do Plenário: "um dos requisitos para que se caracterize o fracionamento de despesas é que os objetos licitados separadamente pudessem ser realizados concomitantemente".

85 Disponível em: https://portal.tcu.gov.br/lumis/portal/file/fileDownload.jsp?fileId=8A8182A24D6E86A4014D71A8CEA96335. Acesso em: 4 abr. 2022.

> § 3º As contratações de que tratam os incisos I e II do caput deste artigo serão preferencialmente precedidas de divulgação de aviso em sítio eletrônico oficial, pelo prazo mínimo de 3 (três) dias úteis, com a especificação do objeto pretendido e com a manifestação de interesse da Administração em obter propostas adicionais de eventuais interessados, devendo ser selecionada a proposta mais vantajosa.

Assim, amplia-se a possibilidade de propostas economicamente mais vantajosas mesmo diante de uma dispensa. Verifique-se que o texto legal fala em "preferencialmente precedidas", não sendo, incialmente, uma obrigatoriedade, mas, visto do ângulo do parecerista, seria razoável que, caso a administração opte por não publicar, apresente uma justificativa para essa opção.

Então, além das documentações já citadas, na contratação por dispensa em razão do valor, o que caberia ao parecerista analisar?

a) a existência de documentos hábeis a comprovar a ausência de fracionamento, que pode ser manifestado, inclusive, por declaração expressa do ordenador de despesas responsável pela unidade gestora, a quem cabe a responsabilidade pela sua veracidade;
b) a formação de preços e a adequação ao preço de mercado;
c) o cumprimento do § 3º do art. 75, qual seja, a divulgação para busca de propostas adicionais.

Por fim, cabe lembrar que a Lei n. 14.133/2021 alçou o planejamento ao *status* de princípio, além de ter previsto mecanismos de planejamento, como o plano de contratação anual (art. 12), o qual, se bem elaborado e implementado, diminui as dispensas em razão do valor, afastando também a possibilidade de fracionamento de despesas.

b) Emergência ou calamidade pública

A dispensa por emergência ou calamidade pública foi substancialmente modificada em relação ao disposto na Lei n. 8.666/1993. Na Lei n. 14.133/2021, a dispensa por emergência ou calamidade pública está prevista no inciso VIII do art. 75 e, para que a dispensa baseada nesse permissivo seja legalmente caracterizada, é necessária a cumulação dos seguintes requisitos:

a) demonstração da ocorrência de situação de emergência ou calamidade pública;
b) demonstração da necessidade de urgência no atendimento da situação;
c) demonstração de que a situação que se pretende atender possa ocasionar prejuízo ou comprometer a continuidade dos serviços públicos ou a segurança de pessoas, obras, serviços, equipamentos e outros bens, públicos ou particulares;
d) manifestação técnica expressa no sentido de que o que se pretende contratar (bens e parcela de obras e serviços) é apenas o necessário ao atendimento da situação emergencial ou calamitosa;
e) contratação de parcelas de obras e serviços que possam ser concluídas no prazo máximo de 1 (um) ano, vedada a prorrogação dos contratos.

Sobre a limitação de se contratar apenas o necessário ao atendimento da situação emergencial ou calamitosa, mesmo antes de haver exigência legal nesse sentido o TCU já tinha assim se manifestado, reconhecendo que a solução definitiva deveria ser contratada via licitação. Assim decidiu o TCU (no Acórdão n. 6.439/2015, 1ª Câmara, de relatoria do Ministro-Substituto Augusto Sherman):

> A contratação direta emergencial, fundamentada no art. 24, inciso IV, da Lei 8.666/1993, deve se restringir somente à parcela mínima necessária para afastar a concretização do dano ou a perda dos serviços executados, devendo a solução definitiva, conforme o caso, ser objeto de licitação formal.

Embora uma situação emergencial ou calamitosa possa ser óbvia e de existência incontestável, o parecerista deve sempre conferir a documentação comprobatória da situação e recomendar à área técnica que providencie quando não presente nos autos. É preciso lembrar que os órgãos de controle podem auditar o processo anos depois, quando já não será tão fácil obter a prova da situação, ainda que de existência incontestável quando da ocorrência[86].

---

[86] Citamos como exemplo uma situação ocorrida no município de Montes Claros, Norte de Minas Gerais, no primeiro semestre de 2013. No referido município,

Ora, são muitos os requisitos que devem coexistir para sustentar a legalidade de uma contratação direta por emergência. Ganha relevância a necessidade de fundamentação dos atos pelo gestor e juntada de documentação suficiente que comprove os fatos tidos por emergenciais. Tratando-se de uma obra voltada para o assessor jurídico, em vários pontos essa premissa é destacada: é preciso justificar os atos e apontar quais situações fáticas, documentos e circunstâncias conduziram a esse entendimento.

Assim como os demais casos de contratação direta, a ocorrência de emergência ou calamidade não exclui a necessidade de demonstrar a compatibilidade dos preços contratados com aqueles praticados no mercado, por isso a importância de serem cumpridos as regras e os parâmetros de formação de preços previstos no art. 23 da Lei n. 14.133/2021.

No contexto das contratações diretas emergenciais, merece destaque a chamada emergência fabricada. A emergência fabricada ocorre quando, por inércia ou desídia, os agentes e gestores negligenciam a realização de uma licitação, criando artificialmente uma emergência que poderia ter sido evitada caso houvesse planejamento e execução de ações no sentido de licitar os objetos necessários à Administração Pública. Assim, surge uma necessidade que já nasce urgente, sendo necessária a contratação direta. Por denotar falta de zelo e compromisso com a boa gestão da coisa pública, essa prática é rechaçada pela doutrina e pela jurisprudência, sendo recomendada a apuração de responsabilidade. Nesse sentido é a Orientação Normativa da AGU n. 11, de 01/04/2009, a qual, embora não vincule pareceristas de outros entes federativos, serve como direcionamento:

---

aconteceram de fato as seguintes situações: estiagem/seca, típica da região; inundações pelas chuvas de verão; e abalos sísmicos/terremotos. Todas essas situações, inicialmente, poderiam justificar contratações diretas pelo poder público (observados os requisitos legais). Imagine, no entanto, uma auditoria em todas essas supostas dispensas, realizada anos depois. Seria no mínimo estranho que o ente tenha compras emergenciais no mesmo período por excesso e falta de chuvas e mais estranho, senão bizarro, dispensas para sanar danos causados por terremoto. A realidade do momento da emergência deve ser retratada no procedimento, mesmo em situações menos improváveis.

> A contratação direta com fundamento no inc. IV do art. 24 da lei n. 8.666, de 1993, exige que, concomitantemente, seja apurado se a situação emergencial foi gerada por falta de planejamento, desídia ou má gestão, hipótese que, quem lhe deu causa será responsabilizado na forma da lei.

Conforme o art. 75, § 6º, da Lei n. 14.133/2021, considera-se emergencial a contratação por dispensa com o objetivo de manter a continuidade do serviço público. Apesar de estar autorizada a contratação direta, devem ser adotadas as providências necessárias para a conclusão do processo licitatório, sem prejuízo de apuração de responsabilidade dos agentes públicos que deram causa à situação emergencial. Novamente, percebe-se como o legislador foi atento às recomendações doutrinárias e entendimentos jurisprudenciais, incorporando-os na Lei n. 14.133/2021.

Uma situação comum em âmbito municipal é a decretação de emergência e calamidade pública operada pelos prefeitos municipais. O TCU (no Acórdão n. 3.656/2012, da 2ª Câmara) já enfrentou a situação e, para esse órgão de controle, a mera existência do decreto de emergência não é suficiente para ensejar toda e qualquer contratação com base nessa justificativa:

> [...] 2.1. a emissão de decreto municipal declarando situação de emergência nas estradas vicinais do município não constituiria por si só motivo autorizador de dispensa de licitação.

No referido acórdão, proferido sob a égide da Lei n. 8.666/1993, mas compatível com o regime da Lei n. 14.133/2021, o TCU expôs os requisitos necessários à caracterização dos casos de emergência ou de calamidade pública:

> 2.7. a situação de emergência não tenha se originado, total ou parcialmente, da falta de planejamento, da desídia administrativa ou da má gestão dos recursos disponíveis, ou seja, que ela não possa, em alguma medida, ser atribuída à culpa ou dolo do agente público que tinha o dever de agir para prevenir a ocorrência de tal situação;
>
> 2.8. exista urgência concreta e efetiva no atendimento à situação decorrente do estado emergencial ou calamitoso, visando afastar os riscos de danos a bens, à saúde ou à vida de pessoas;

2.9. o risco, além de concreto e provável, se mostre iminente e especialmente gravoso; e

2.10. a imediata efetivação, por meio de contratação com terceiro, de determinadas obras, serviços ou compras, segundo as especificações e quantitativos tecnicamente apurados, seja o meio adequado, efetivo e eficiente para afastar o risco iminente detectado.

Assim, não basta que exista a emergência, é necessária a comprovação de que a contratação seja capaz de afastar esses riscos e que seja urgente, não podendo dessa forma esperar o tempo necessário para uma licitação.

Por fim, destacamos que a Lei n. 14.133/2021 previu o prazo máximo de 1 (um) ano, contado da data de ocorrência da emergência ou da calamidade, para a conclusão das parcelas de obras e serviços, vedadas a prorrogação dos respectivos contratos e a recontratação de empresa já contratada por meio de dispensa por emergência ou calamidade pública. Caso não constem na manifestação técnica, o parecerista deve recomendar a complementação das informações.

c) Contratação direta decorrente de licitação deserta ou fracassada e quando as propostas apresentadas consignaram preços manifestamente superiores aos praticados no mercado ou incompatíveis com os fixados pelos órgãos oficiais

A licitação deserta ocorre quando não surgem licitantes interessados em disputar o certame. A licitação deserta não se confunde com a licitação fracassada.

A licitação fracassada ocorre quando, presentes os interessados, não apresentam propostas válidas. Nas duas situações, a lei prevê a possibilidade de contratação direta, bem como para os casos de propostas manifestamente superiores ao preço de mercado.

As licitações deserta e fracassada estão previstas no art. 75, inciso III, alínea *a*, da Lei n. 14.133/2021. Como requisitos para a contratação direta com esse fundamento, a lei exige:

1º) que a contratação direta a ser firmada mantenha todas as condições definidas no edital que precedeu a licitação deserta ou fracassada;

2º) que a licitação deserta ou fracassada tenha sido realizada há menos de 1 (um) ano.

No caso de contratação direta cujo fundamento fosse a licitação deserta ou fracassada, a Lei n. 8.666/1993 exigia que houvesse justificativa de que a licitação não poderia ser repetida sem prejuízo para a Administração Pública. A Lei n. 14.133/2021 não repetiu essa exigência; portanto, não cabe ao parecerista a exigir.

Assim, no controle prévio de legalidade a ser realizado pelo parecerista, caberá verificar se a área técnica atestou que foram mantidas todas as condições definidas no edital, bem como se houve o respeito ao lapso temporal máximo de 1 (um) ano. Caso o processo não tenha sido instruído com tais informações, o parecerista deve devolver o processo à área para que esta se manifeste a respeito.

O art. 75, inciso III, alínea *b*, da Lei n. 14.133/2021 traz a possibilidade de dispensa de licitação quando as propostas apresentadas consignaram preços manifestamente superiores aos praticados no mercado ou incompatíveis com os fixados pelos órgãos oficiais competentes. Para se verificar se as propostas apresentadas foram superiores aos preços de mercado a ponto de autorizarem a dispensa de uma licitação, a área técnica deve ter observados os parâmetros de formação de preço, previstos no art. 23 da Lei n. 14.133/2021.

d) Dispensa em razão do objeto

O inciso IV do art. 75 da Lei n. 14.133/2021 traz uma lista taxativa de 14 (quatorze) situações em que, em razão do objeto, a licitação é dispensável. Algumas dessas situações, sobretudo as que envolvem questões de segurança nacional, são bem afastadas da rotina de um parecerista, já que tratam de situações pontuais. Entretanto, o mesmo inciso IV indicou situações corriqueiras. São exemplos bastante recorrentes na rotina administrativa as contratações de:

a) bens, componentes ou peças de origem nacional ou estrangeira necessários à manutenção de equipamentos, a serem adquiridos do fornecedor original desses equipamentos durante o período de garantia técnica, quando essa condição de exclusividade for indispensável para a vigência da garantia;

b) hortifrutigranjeiros, pães e outros gêneros perecíveis, no período necessário para a realização dos processos licitatórios correspondentes, hipótese em que a contratação será realizada diretamente com base no preço do dia;
c) coleta, processamento e comercialização de resíduos sólidos urbanos recicláveis ou reutilizáveis, em áreas com sistema de coleta seletiva de lixo, realizados por associações ou cooperativas formadas exclusivamente de pessoas físicas de baixa renda reconhecidas pelo poder público como catadores de materiais recicláveis, com o uso de equipamentos compatíveis com as normas técnicas, ambientais e de saúde pública;
d) aquisição de medicamentos destinados exclusivamente ao tratamento de doenças raras definidas pelo Ministério da Saúde.

Nos casos de dispensa em razão do objeto, no controle prévio de legalidade, cabe ao parecerista analisar, além do cumprimento dos requisitos do art. 72, se está devidamente demonstrada e instruída pela área técnica a ocorrência da situação ensejadora. Ressalte-se a necessidade de observância dos requisitos de formação de preços previstos no art. 23 da Lei n. 14.133/2021, com o objetivo de perseguir uma contratação com preços que respeitem os parâmetros legais.

e) O remanescente de obras

Embora não seja o objetivo desta obra a comparação entre as regras da Lei n. 8.666/1993 e da Lei n. 14.133/2021, cabe um alerta sobre a contratação de remanescente de obras. Na nova sistemática, as regras da contratação de remanescente de obra foram deslocadas para as regras contratuais.

O remanescente de obras na Lei n. 14.133/2021 está previsto no § 7º do art. 90, segundo o qual será facultada à Administração a convocação dos demais licitantes classificados para a contratação de remanescente de obra, de serviço ou de fornecimento em consequência de rescisão contratual, observados os mesmos critérios estabelecidos nos §§ 2º e 4º.

Sobre essa temática, apenas se destaca que não se trata de uma hipótese de dispensa.

f) Limite de valor para as contratações diretas por licitação dispensável

O art. 75, incisos I e II, da Lei n. 14.133/2021 traz a previsão da dispensa para compras de pequeno valor, nos termos ali estabelecidos. Nesse contexto, poderia surgir o questionamento sobre se as demais aquisições diretas do art. 75 estariam limitadas a determinado valor. A resposta é negativa. Nas demais situações previstas nos incisos III a XVI do art. 75, as justificativas para dispensa de licitação são de outra natureza e as contratações podem acontecer nessa modalidade independentemente do valor do contrato, observados os demais limites impostos pela lei (vantajosidade, parâmetros legais de formação do preço etc.).

Neste tópico, relembramos que a dispensa de licitação é a exceção e, portanto, deve ser tratada e analisada com o maior zelo possível pelo parecerista. Afinal, é comum ocorrerem situações em que a contratação direta é utilizada como instrumento para direcionar injustificadamente as compras públicas, lesando o erário com contratações que não são vantajosas sob diversos aspectos.

Assim, o processo de dispensa, embora simplificado quando comparado a um processo de licitação ordinário - marcado por uma fase preparatória, publicação de edital para convocação de interessados e fase de disputa e de habilitação -, deve ser minuciosamente analisado. Quando necessário, o parecerista deve condicionar a aprovação da contratação direta à adequada instrução, a fim de que verifique a real ocorrência de uma das situações previstas no art. 75 e a comprovação nos autos dessas circunstâncias, realizando um efetivo controle prévio de legalidade.

Em síntese, destacamos que, ao se deparar com um processo de contratação direta, o parecerista deve observar se a situação indicada pela área técnica/demandante como ensejadora da contratação direta está expressamente contemplada no art. 75, se existem provas e documentos suficientes da situação e do enquadramento ao permissivo legal e se o valor da contratação é compatível com os praticados no mercado, tendo em vista os parâmetros indicados no art. 23 da Lei n. 14.133/2021.

CHECKLIST DISPENSA		
Requisito	**Dispositivo legal**	**Cumprimento (fls.)**
Manifestação técnica justificando o enquadramento da contratação expressamente nas hipóteses do art. 75 da Lei n. 14.133/2021	Art. 75	
Há justificativa do preço com base em pesquisa conforme o regulamento pertinente?	Art. 23	
Tratando-se de dispensa fundada nos incisos I ou II do art. 75 da Lei n. 14.133/2021, foi demonstrado respeito ao limite de valor, considerando-se o somatório do valor da contratação com o valor de outros objetos da mesma natureza contratados pela mesma unidade gestora no mesmo exercício financeiro?	Art. 75	
Tratando-se de dispensa fundada nos incisos I ou II do art. 75 da Lei n. 14.133/2021, a autoridade declarou que a contratação será precedida de divulgação de aviso em sítio eletrônico oficial, pelo prazo legal para manifestação de propostas adicionais?	Art. 75, § 3º	
Tratando-se de dispensa por emergência ou calamidade pública prevista no inciso VIII do art. 75, existe comprovação da emergência?	Art. 75	
Tratando-se de dispensa por emergência ou calamidade pública prevista no inciso VIII do art. 75, existe comprovação da urgência da contratação? (não há tempo hábil para licitar?)	Art. 75	
Tratando-se de dispensa em razão do objeto, prevista no inciso IV, há comprovação de que o objeto está expressamente previsto nos incisos de *a* a *m* do dispositivo?		

REFERÊNCIAS

ADVOCACIA-GERAL DA UNIÃO (AGU). *Manual de boas práticas consultivas da AGU*. Brasília: AGU, 2016.

________. *Orientação Normativa n. 3/2009*.

________. *Orientação Normativa n. 11/2009*.

________. *Orientação Normativa n. 54/2015*.

________. *Orientação Normativa n. 55/2014*.

AMORIM, Victor Aguiar Jardim de. *Licitações e contratos administrativos*: teoria e jurisprudência. 4. ed. Brasília, DF: Senado Federal, Coordenação de Edições Técnicas, 2021.

BARBIRATO, Bruno Vieira da Rocha. Comentários ao artigo 6º, incisos XX a XXXIII. *In*: DAL POZZO, Augusto Neves; CAMMAROSANO, Márcio; ZOCKUN, Maurício (coord.). *Lei de licitações e contratos administrativos comentada*: Lei 14.133/21. São Paulo: Thomson Reuters Brasil, 2021.

BINENBOJM, Gustavo; CYRINO, André. O art. 28 da LINDB: a cláusula geral do erro administrativo. *Revista de Direito Administrativo*, Rio de Janeiro, p. 203-224, nov. 2018. Edição Especial: Direito Público na Lei de Introdução às Normas de Direito Brasileiro – LINDB (Lei n. 13.655/2018). Disponível em: https://bibliotecadigital.fgv.br/ojs/index.php/rda/article/view/77655. Acesso em: 30 set. 2022.

BRASIL. *Constituição da República Federativa do Brasil*. 1988.

________. *Decreto n. 7.892*, de 23 de janeiro de 2013. Regulamenta o Sistema de Registro de Preços previsto no art. 15 da Lei n. 8.666, de 21 de junho de 1993.

________. *Decreto n. 9.830*, de 10 de junho de 2019. Regulamenta o disposto nos arts. 20 a 30 do Decreto-Lei n. 4.657, de 4 de setembro de 1942, que institui a Lei de Introdução às Normas do Direito Brasileiro.

________. *Decreto n. 10.818*, de 27 de setembro de 2021. Regulamenta o disposto no art. 20 da Lei n. 14.133, de 1º. de abril de 2021, para estabelecer o enquadramento dos bens de consumo adquiridos para suprir as demandas das estruturas da administração pública federal nas categorias de qualidade comum e de luxo.

________. *Decreto-Lei n. 2.848*, de 7 de dezembro de 1940. Código Penal.

________. *Decreto-Lei n. 4.657*, de 4 de setembro de 1942. Lei de Introdução às Normas do Direito Brasileiro (LINDB).

________. *Instrução Normativa n. 40*, de 22 de maio de 2020. Dispõe sobre a elaboração dos Estudos Técnicos Preliminares – ETP – para a aquisição de bens e a contratação de serviços e obras, no âmbito da Administração Pública federal direta, autárquica e fundacional, e sobre o Sistema ETP digital.

________. *Lei n. 8.443*, de 16 de julho de 1992. Dispõe sobre a Lei Orgânica do Tribunal de Contas da União e dá outras providências.

________. *Lei n. 8.666*, de 21 de junho de 1993. Regulamenta o art. 37, inciso XXI, da Constituição Federal, institui normas para licitações e contratos da Administração Pública e dá outras providências.

________. *Lei n. 8.906*, de 4 de julho de 1994. Dispõe sobre o Estatuto da Advocacia e a Ordem dos Advogados do Brasil (OAB).

________. *Lei n. 9.784*, de 29 de janeiro de 1999. Regula o processo administrativo no âmbito da Administração Pública Federal.

________. *Lei n. 12.232*, de 29 de abril de 2010. Dispõe sobre as normas gerais para licitação e contratação pela administração pública de serviços de publicidade prestados por intermédio de agências de propaganda e dá outras providências.

________. *Lei n. 12.462*, de 4 de agosto de 2011. Institui o Regime Diferenciado de Contratações Públicas (RDC); altera a Lei n. 10.683, de 28 de maio de 2003, que dispõe sobre a organização da Presidência da República e dos Ministérios, a legislação da Agência Nacional de Aviação Civil (Anac) e a legislação da Empresa Brasileira de Infraestrutura Aeroportuária (Infraero); cria a Secretaria de Aviação Civil, cargos de Ministro de Estado, cargos em comissão e cargos de Controlador de Tráfego Aéreo; autoriza a contratação de controladores de tráfego aéreo temporários; altera as Leis nºs 11.182, de 27 de setembro de 2005, 5.862, de 12 de dezembro de 1972, 8.399, de 7 de janeiro de 1992, 11.526, de 4 de outubro de 2007, 11.458, de 19 de março de 2007, e 12.350, de 20 de dezembro de 2010, e a Medida Provisória n. 2.185-35, de 24 de agosto de 2001; e revoga dispositivos da Lei n. 9.649, de 27 de maio de 1998.

________. *Lei n. 13.105*, de 16 de março de 2015. Código de Processo Civil.

________. *Lei n. 14.133*, de 1º de abril de 2021. Lei de Licitações e Contratos Administrativos.

________. *Lei Complementar n. 101*, de 4 de maio de 2000. Estabelece normas de finanças públicas voltadas para a responsabilidade na gestão fiscal e dá outras providências.

CARVALHO, Matheus. *Manual de direito administrativo*. 10. ed. rev. ampl. e atual. São Paulo: JusPodivm, 2022.

DI PIETRO, Maria Sylvia Zanella. *Direito administrativo*. 32. ed. Rio de Janeiro: Forense, 2019.

DURÃO, Pedro. *Técnica de parecer*: como fazer um *dictamen* jurídico. 2. ed. Curitiba: Juruá, 2015.

GALIL, João Victor Tavares. Comentários ao artigo 6º, incisos I a XV. *In*: DAL POZZO, Augusto Neves; CAMMAROSANO, Márcio; ZOCKUN, Maurício (coord.). *Lei de licitações e contratos administrativos comentada*: Lei 14.133/21. São Paulo: Thomson Reuters Brasil, 2021.

GUIMARÃES, Diego Fernandes; SILVA NETO, René da Fonseca e. *Manual do parecer jurídico*: teoria e prática. São Paulo: JusPodivm, 2012.

JUSTEN FILHO, Marçal. *Comentários à lei de licitações e contratações administrativas*: Lei 14.133/2021. São Paulo: Thomson Reuters Brasil, 2021.

MAFFINI, Rafael. Comentários aos artigos 40 a 44. *In*: DAL POZZO, Augusto Neves; CAMMAROSANO, Márcio; ZOCKUN, Maurício (coord.). *Lei de licitações e contratos administrativos comentada*: Lei 14.133/21. São Paulo: Thomson Reuters Brasil, 2021.

MELLO, Celso Antônio Bandeira de; ZOCKUN, Carolina Zancaner; ZOCKUN, Maurício. Comentários aos artigos 28 a 32. *In*: DAL POZZO, Augusto Neves; CAMMAROSANO, Márcio; ZOCKUN, Maurício (coord.). *Lei de licitações e contratos administrativos comentada*: Lei 14.133/21. São Paulo: Thomson Reuters Brasil, 2021.

NIEBUHR, Joel de Menezes. *Licitação pública e contrato administrativo*. 5. ed. Belo Horizonte: Fórum, 2022.

OLIVEIRA, Rafael Sergio Lima de. Comentário ao art. 29. *In:* FORTINI, Cristiana; OLIVEIRA, Rafael Sergio Lima de; CAMARÃO, Tatiana (coord). *Comentários à lei de licitações e contratos administrativos*: Lei n. 14.133, de 1º de abril de 2021. Belo Horizonte: Fórum, 2022.

SARAI, Leandro (org.). *Tratado da nova lei de licitações e contratos administrativos*: Lei 14133/21 comentada por advogados públicos. 2. ed. São Paulo: JusPodivm, 2022.

SENADO FEDERAL. *Licitações e contratos*: orientações e jurisprudências do TCU. 4. ed. rev. amp. e atual. Brasília: Senado Federal, 2010. Disponível em:

https://portal.tcu.gov.br/lumis/portal/file/fileDownload.jsp?fileId=8A8182A24D6E86A4014D72AC81CA540A&inline=1. Acesso em: 4 abr. 2022.

SUPERIOR TRIBUNAL DE JUSTIÇA (STJ). *HC 669.347/SP*. Julgado em 13/12/2021.

SUPREMO TRIBUNAL FEDERAL (STF). HC 171576/RS.

________. MS 24.073/DF. Relator: Min. Carlos Velloso. Julgamento: 6/11/2002. Órgão julgador: Tribunal Pleno.

________. MS 24.584/DF. Relator: Min. Marco Aurélio Melo. Julgamento: 9/8/2007. Órgão julgador: Tribunal Pleno.

________. MS 24.631-6/DF. Relator: Min. Joaquim Barbosa. Julgamento: 9/8/2007. Publicação: *DJe* em 1º/2/2008.)

TORRES, Ronny Charles Lopes de. *Leis de licitações públicas comentadas*. 12. ed. rev., ampl. e atual. São Paulo: JusPodivm, 2021.

TRIBUNAL DE CONTAS DA UNIÃO (TCU). *Acórdão n. 4/2006*, 2ª Câmara. Relatoria do Ministro Ubiratan Aguiar.

________. *Acórdão n. 234/2015*, Plenário, relatoria do Ministro Benjamim Zymler.

________. *Acórdão n. 362/2018*, Plenário, relatoria do Ministro Augusto Nardes.

________. *Acórdão n. 372/2015*, Plenário, relatoria do Ministro Weder de Oliveira.

________. *Acórdão n. 533/2022*, Plenário, relatoria do Ministro Antônio Anastasia.

________. *Acórdão n. 610/2021*, Plenário, relatoria do Ministro Aroldo Cedraz.

________. *Acórdão n. 615/2020, Plenário*, relatoria da Ministra Ana Arraes.

________. *Acórdão n. 935/2007*, Plenário, relatoria do Ministro Ubiratan Aguiar.

________. *Acórdão n. 983/2008*, Plenário, relatoria do Valmir Campelo.

________. *Acórdão n. 1.151/2015*, Plenário, relatoria da Ministra Ana Arraes.

________. *Acórdão n. 1.224/2015*, Plenário, relatoria da Ministra Ana Arraes.

________. *Acórdão n. 1.241/2022*, Plenário, relatoria do Ministro Walton Alencar Rodrigues.

________. *Acórdão n. 1.541/2014*, Plenário, relatoria do Ministro Benjamin Zymler.

________. *Acórdão n. 1.591/2011*. Plenário, relatoria do Mininstro Augusto Sherman.

________. *Acórdão n. 1.607/2014*, Plenário, relatoria do Ministro Augusto Sherman.

________. *Acórdão n. 1.656/2015*, Plenário, relatoria do Ministro Marcos Bemquerer.

________. *Acórdão n. 1.689/2019*, Plenário, relatoria do Ministro Vital do Rêgo.

________. *Acórdão n. 1.842/2013*, Plenário, relatoria da Ministra Ana Arraes.

________. *Acórdão n. 1.944/2014*, Plenário, relator Ministro André de Carvalho.

________. *Acórdão n. 2.012/2022*, 2ª Câmara, relatoria do Ministro Antônio Anastasia.

________. *Acórdão n. 2.028/2022*, Plenário, relatoria do Ministro-Substituto Augusto Sherman.

________. *Acórdão n. 2.185/2020*, Plenário, relatoria do Ministro Raimundo Carreiro.

________. *Acórdão n. 2.205/2016*, Plenário, relatoria da Ministra Ana Arraes.

________. *Acórdão n. 2.345/2017*, Plenário, relatoria do Ministro Benjamim Zymler.

________. *Acórdão n. 2.361/2018*, Plenário, relatoria do Ministro Augusto Sherman.

________. *Acórdão n. 2.395/2010*, Plenário, relatoria do Ministro André de Carvalho.

________. *Acórdão n. 2.435/2021*, Plenário, relatoria do Ministro Raimundo Carreiro.

________. *Acórdão n. 2.459/2021*, Plenário, relatoria do Ministro Augusto Nardes.

________. *Acórdão n. 2.569/2010*, 1ª Câmara, relatoria do Ministro Marcos Bemquerer.

________. *Acórdão n. 2.599/2021*, Plenário, relatoria do Ministro Bruno Dantas.

________. *Acórdão n. 2.660/2021*, Plenário, relatoria do Ministro Benjamin Zymler.

________. *Acórdão n. 2.783/2022*, Plenário, relatoria do Ministro Augusto Nardes.

________. *Acórdão n. 2.832/2015*, Plenário, relatoria do Ministro Marcos Bemqueer.

________. *Acórdão n. 2.860/2018*, Plenário, relatoria do Ministro Augusto Sherman.

________. *Acórdão n. 2.990/2010*, Plenário, relatoria do Ministro Raimundo Carreiro.

________. *Acórdão n. 3.144/2021*, Plenário, relatoria do Ministro Bruno Dantas.

________. *Acórdão n. 3.656/2012*, 2ª Câmara, relatoria do Ministro André de Carvalho.

________. *Acórdão n. 4.447/2020*, 2ª Câmara, relatoria do Ministro Aroldo Cedraz.

________. *Acórdão n. 6.439/2015*, 1ª Câmara, relatoria do Ministro-Substituto Augusto Sherman.

________. *Acórdão n. 8.117/2011*, 1ª Câmara, relatoria do Ministro Walton Alencar Rodrigues.

________. *Acórdão n. 9.294/2020*, 1ª Câmara, relatoria do Ministro Bruno Dantas.

________. *Acórdão n. 10.830/2020*, 1ª Câmara, relatoria do Ministro Vital do Rêgo.

________. *Acórdão n. 10.954/2015*, 2ª Câmara, relatoria do Ministro Augusto Nardes.

________. *Acórdão n. 13.053/2019*, 2ª Câmara, relatoria do Ministro Augusto Nardes.

________. *Licitações e contratos*: orientações e jurisprudências. Brasília: TCU, 2010.

________. *Manual de compras diretas do TCU*. [s. d.]. Disponível em: https://portal.tcu.gov.br/lumis/portal/file/fileDownload.jsp?fileId=8A8182A24D6E86A4014D71A8CEA96335. Acesso em: 4 abr. 2022.

________. *Súmula 177*. Aprovada em 26 de outubro de 1982.

________. *Súmula 255*. Aprovada em 31 de março de 2010.

________. *Súmula 247*. Aprovada em 10 de novembro de 2004.

________. *Súmula 259*. Aprovada em 16 de junho de 2010.

________. *Súmula 260*. Aprovada em 30 de junho de 2010.

________. *Súmula 261*. Aprovada 30 de junho de 2010.

________. *Súmula 263*. Aprovada em 19 de janeiro de 2011.

TRIBUNAL SUPERIOR DO TRABALHO (TST). *Súmula 331*. Aprovada em 31 de maio de 2011.